JN323209

小道迷子の
台湾から
ようこそ日本へ
~ 台湾華語でおもてなし ~

渡邉豊沢 著　小道迷子 画

Huān yíng lái Rì běn
歡 迎 來 日 本

ようこそ日本へ
ホアン　イン　ライ　ルィ　ベン

三修社

●はじめに●

　近年、台湾で一番人気の海外旅行先といえば日本。日本を訪れる台湾人観光客は年々増加しています。また「最も好きな国」にも日本が選ばれ、台北では日本食が大人気。それほど台湾人は、親日的なのです。
　そんな台湾人が日本に観光に訪れる際に楽しみにしているのは、なるべくたくさんの日本の食文化や生活文化など、異文化に触れること。そして、なるべくたくさんの日本人とコミュニケーションすることです。
　例えば、お寺や神社の参拝作法の日台の違いに触れて不思議がったりおもしろがったり、あこがれの本場の日本の温泉を体験したり、また、台湾では味わえない夏の花火大会を堪能したり……。
　ちなみに旧暦の7月は「鬼月」といって、ちょうど日本のお盆のようにあの世の方々がこの世に来るといわれています。あの世の方々を怪我させたら大変……ということもあって、夏場には爆竹や花火をする習慣がないので、日本での夏の風物詩としての花火は、台湾人にとってはとても珍しく、新鮮に感じるのです。
　また、「ラーメン」といえば、日本人には台湾のほうがむしろ本場のように思われがちですが、台湾の麺料理と日本のラーメンは全く別物。台湾では日本のラーメン屋さんが行列ができるほど人気があり、日本に来たらぜひ"本場の日本のラーメン"をという人もとても多いのです。
　こんなふうに皆さんの「日本」を愛する台湾人。お友達や知り合い、また、通りすがりの台湾人を見かけたら、ぜひこの本を片手にコミュニケーションしてみてください。ほんの少しでもお互いの言葉や思いが通じ合えば、楽しくなることうけあいです。
　本書にはそんなときに使える言葉やフレーズが満載ですが、ただ、華語はその基本である発音（注音やピンイン）と四声の声調を身につけておかないと、言葉がなかなか通じにくいのが難点。
　そこで本書では、漫画のなかの会話から各話24フレーズずつピックアップし、発音記号（ピンイン）を付して収録した「会話集」も用意、さらに7頁の「発音について」も併せて参考にしながら、よりスムーズな華語会話ができるよう、練習してみてくださいね。
　もっとも、ピンインなどの発音記号がわからなくても、ジェスチャーや筆談などを使ってとにかくコミュニケーションするのがおすすめ！台湾からのお客様との交流やおもてなしに、ほんの少しでも本書がお役に立てれば幸いです。

　　2016年盛夏　　　　　　　　　　　　　　　　　著者しるす

★ピックアップ会話集
……159

※漫画各話から、華語会話のセリフを、それぞれ24フレーズずつピックアップ。
ピンイン・カナを参照しながら、発音練習にお役立てください！

★文法的ポイント & COLUMN ……191

※漫画編各話から、会話でよく使う文法パターンによる文章をとりあげ、応用文も添付。
コラムでは、台湾からのお客様をおもてなしする際の極意やコツ、注意点などを伝授。

♥ 登場人物自己紹介 ♥

芒芒（マンマン）

日本のことならすべて興味津々、日本大好きな台湾女子で〜す！
日本のテレビドラマやマンガも大好きで、そのなかにたびたび登場する、パンの中に焼きそばがはさまっているというフシギな食べ物「焼きそばパン」は、日本に行ったらぜひ食べてみたい食べ物のひとつ。
日本のみた目がかわいらしいスイーツにもたくさんトライしたいなあ💗　でも、スタイルを気にして揺れる乙女心も……。
日本の温泉もすっごく興味あるけど、みんなで一緒にハダカでお風呂に入る文化を理解するのはなかなか難しいかも!?

ワタナベ

学生のとき少しだけ中国語をかじった程度。そんなワタナベが台湾を旅行したときに、行く先々でたくさんの台湾人の人情にふれ、いやされて以来、台湾華語の猛勉強を始めたというわけ。今では現地の言葉である台湾語も習い始めています。
台湾でのお気に入りは、食べ放題のベジ料理レストランと、安くておいしい量り売りのお店（自助餐）。
このたびは、台湾で友達になった台湾人の芒芒を日本でおもてなし。
飲みに行くのは大好きだけど、お酒は弱いほうで、野菜好きの草食猫なのだ……。

CONTENTS

はじめに……3
台湾華語の発音・文法……6
声調について……8

第1話「回転寿司」でおもてなし 【迴轉壽司】……9

第2話「お寺や神社」でおもてなし 【寺廟】……19

第3話「甘味処」でおもてなし 【日式甜點】……29

第4話「浴衣と下駄」でおもてなし 【浴衣和木屐】……39

第5話「天ぷら」でおもてなし 【天婦羅】……49

第6話「スーパーマーケット」でおもてなし 【超市】……59

第7話「おそば屋さん」でおもてなし 【蕎麥麵店】……69

第8話「デパ地下」でおもてなし 【百貨公司地下美食街】……79

第9話「居酒屋」でおもてなし 【居酒屋】……89

第10話「ラーメン」でおもてなし 【拉麵】……99

第11話「温泉」でおもてなし 【溫泉】……109

第12話「おでん」でおもてなし 【關東煮（黑輪）】……119

第13話「喫茶店」でおもてなし 【咖啡廳】……129

第14話「ドラッグストア」でおもてなし 【藥妝店】……139

第15話「花火」でおもてなし 【煙火】……149

④文　法
　華語の文法の基本は〈Ｓ主語＋Ｖ動詞＋Ｏ目的語〉です。日本語の語順〈ＳＯＶ〉と比較すると、動詞と目的語の順が逆になっているのです。

　例：
　　［華　語］　我 吃 炒飯。
　　　　　　　　Ｓ Ｖ Ｏ
　　［日本語］　私はチャーハンを食べます。
　　　　　　　　Ｓ　　　Ｏ　　　　Ｖ

　この点が間違えやすいところですが、ＳＶＯの基本に慣れたら上達が速くなります。慣れるためにはまず、以下⑤のように、基本文〈ＳＶＯ〉を１つ覚えて、それをベースに、ＳＶＯの各単語をいろいろ入れ替えながら応用していくとよいでしょう。

⑤華語文法上達のコツ
　華語を早く上達するための応用練習法の一例をご紹介します。

　例：
　　我 吃 炒飯。　私はチャーハンを食べます。
　　Ｓ Ｖ Ｏ
　※主語（Ｓ）に別の主語を置き換えれば主体の表現が変わります。
　　我 吃 炒飯。　→　他 吃 炒飯。　彼はチャーハンを食べます。
　　Ｓ　　　　　　　　Ｓ
　※動詞（Ｖ）に別の動詞を置き換えれば別の表現ができます。
　　我 吃 炒飯。　→　我 做 炒飯。　私はチャーハンを作ります。
　　　　Ｖ　　　　　　　　Ｖ
　※目的語（Ｏ）に食べ物を置き換えればいろいろな表現ができます。
　　我 吃 炒飯。　→　我 吃 拉麺。　私はラーメンを食べます。
　　　　　Ｏ　　　　　　　　Ｏ

　本書191頁以下の「文法的ポイント」もぜひ、参考にしてください。
　この本をきっかけに、さらに華語を楽しみながら学んで頂けると幸いです。きっと台湾の人からこんな言葉が返ってくるはずですよ。
　　Bàng　　［バン］
　　棒！（すばらしい！）

● 台湾華語の発音と文法 ●

①華語と漢語

中国語は中国では「漢語」といいますが、台湾では「華語」「国語」といいます。「漢語」の漢字は簡略化した「簡体字」を用いますが、「華語」では昔ながらの漢字「繁体字（正体字）」が用いられています。例えば「豊」という日本の漢字は、簡体字では「丰」、繁体字では「豐」となります。

②「注音符号」と「拼音字母」

発音記号には「注音符号（チュウイン）」と「拼音字母（ピンイン）」があります。台湾華語の発音記号は「注音符号」(ㄅㄆㄇㄈ　ボポモフォ）を使っています。一方、中国の漢語の発音記号は「拼音（ピンイン）」(bo po mo fo　ボポモフォ）を使っています。ローマ字で表記しているので初心者になじみやすいのですが、すべてがローマ字読みではないので、発音には意外な落とし穴もあります。

「注音」には基本となる子音（声母）が21個、母音（韻母）が16個あります。一方、「拼音」の子音は注音と同じ21個ですが、母音は38個あります。

ピンインの音節の構造は、声母（子音）と韻母（母音）、そして正確な発音には四声（声調）が必要です。例えば、「bā（八）」の「b」は声母、「a」は韻母、「a」の上の「ˉ」は四声です。

なお、本書は「華語」の本なのですが、より幅広い読者に読んで頂くために、159頁以下の会話集ではあえて「拼音」表記にしています。

③四　声

「四声」とは4つの声調のことです。華語を正確に発音するためには、発音記号に併せて、四声がとても重要になります。

華語の「注音」と漢語の「拼音」の声調記号表

	第一声	第二声	第三声	第四声	軽声
華語	記号なし	ˊ	ˇ	ˋ	・
漢語	‒	ˊ	ˇ	ˋ	記号なし

（8頁の声調のイラスト参照）

四声が違うと、例えば「yú（魚）」のつもりが「yǔ（雨）」になってしまいます。「下雨。(Xiàyǔ.)（雨が降ります。）」が「下魚。(Xiàyú.)（魚が降ります。）」となってしまうのです。

● 声調について ●

　華語には四声（4つの声調）——「第一声」「第二声」「第三声」「第四声」があります。そのほかに、声調が弱く短い音で発声する「軽声」があります。

例：

四　声	単語	拼音	意　味	注　音
第一声	媽	mā	お母さん	ㄇㄚ
第二声	麻	má	麻	ㄇㄚˊ
第三声	馬	mǎ	馬	ㄇㄚˇ
第四声	罵	mà	ののしる	ㄇㄚˋ
軽　声	嗎	ma	〜ですか（疑問を表す）	・ㄇㄚ

【声調の発音方法】

❶　第一声　　高平声　　高いトーンのまま平らに
❷　第二声　　平高声　　低いトーンから高いトーンへ
❸　第三声　　低昇声　　低くおさえてから上がる
❹　第四声　　高去声　　高いトーンから下がる

❶ 第一声

❷ 第二声

❸ 第三声

❹ 第四声

第1話「回転寿司」でおもてなし

huí zhuǎn shòu sī
迴轉壽司
ホェイヂョアンショウスー

わあ本場の回転寿司だ～っ

這家店的壽司很新鮮
ヂョージィアディエンダ ショウスー ヘン シン シェン
この店のお寿司はとても新鮮です

くる くる くる くる

台湾でも日本のお寿司は人気だよー
今や日本の寿司は世界中にありますからねえ

あれ？
え…カバー？
日本の回転寿司ではカバーはついてないの？

— 9 —

台湾の回転寿司ではお寿司にプラスチックのカバーがしてある店が多いよ
くるくる
それはいいですね乾燥しにくいです
我們吃吧！（ウオメンチーバ）
食べましょう！
ありがとー
それはなあに？
那是（ナーシー）竹莢魚（ヂュージィアユィ）
それはアジです
那是（ナーシー）鮪魚嗎（ウエイユィマ）？
あれはマグロ？
對（ドェイ）
そうです
妳喜歡吃（ニイシィホアンチー）鮪魚嗎（ウエイユィマ）？
マグロ好き？
大好き～♡
不過我（ブゥグオウオ）更喜歡吃（ゴンシィホアンチー）鮭魚（グェイユィ）
でももっと好きなのはサケ
為什麼（ウエイシェンモ）？
なんで？

●第1話「回転寿司」でおもてなし

やっぱりサケがおいしい〜♡
これお寿司と一緒にどうですか？
これなあに？
チョーシー GARI
這是「GARI」
これは「ガリ」です
タン ツゥ ウエイダ ジアンピエン
糖醋味的薑片
甘酢ショウガです
お寿司にガリは欠かせません
ジアンピエンコォ イー チン チン コウ ヂョォンダ ツァンリョウウエイ
薑片可以清口中的殘留味
ショウガが口の中をさっぱりさせてくれます
スワンスワンティエンティエンダ
酸酸甜甜的
ガリ ガリ
甘酸っぱい
でもなんでショウガなのに「ガリ」っていうの？
わたしが思うに……
ヨウ ガリガリ ダ コウガン スオイー ジアオ ガリ
有「ガリガリ」的口感所以叫「ガリ」
食感が「ガリガリ」なので「ガリ」といいます
なるほどガリね…
ガリ ガリ ガリ ガリ ガリ
あれは何？
ナーシー ヨウ ウエイユィ ツォンホア ジュエン
那是「油鮪魚葱花巻」
あれは「ネギトロ巻き」

● 第1話「回転寿司」でおもてなし

還不錯～（ハイ ブゥ ツオ）
いけるね～
カニはちょっと食べにくいけど…
ほとんどだしになっちゃってますからね…
鮮蝦一個人一個好嗎？（シエンシア イーゴォルエンイーゴォ ハオマ）
甘エビ一人1個ずつにしませんか？
OK！
又鮮又甜～♡（ヨウシエン ヨウティエン）
新鮮で甘～い♡
え…？
芭芭さんシャリといっしょに食べないとお寿司じゃありません
シャリって…？
醋飯在壽司店叫「シャリ」（ツウファン ザァイショウスーディエン ジアオ）
お寿司屋さんでは酢めしを「シャリ」とよんでいます
舎利
え？「仏舎利」の「舎利」？
仏サマのお骨？…
そうです白米に色や形が似てるのでそういわれてるそうです
白米は神聖なもの

大丈夫
シャリもちゃんと食べるよー
等一下！（ドン イー シア）
ちょっと待って！
わたしのおすすめの一品を作ってあげます
はい どーぞ
名づけて ガリ寿司
不錯（ブゥ ツオ）
いけるよ
ガリ ガリ
でしょー
章魚腳怎麼樣？（チャンユィ ジアオ ゼン モ ヤン）
タコはどうですか？
我不喜歡吃章魚（ウオ ブゥ シィ ホアンチー チャンユィ）
私タコはキライ
為什麼？（ウエイシェンモ）
なんで？
タコは無脊椎動物の中で一番かしこいらしいよ
家族愛がある♡
たとえばタコ漁
♂と♀のタコが一緒にいるときに♂を先にしとめると♀は逃げちゃうけど♀を先にしとめると♂は逃げずに♀のそばにいるんだって
♂のタコってとっても優しいと思わない？
で……イカはいいんですか……
イカ→

それなに？
納豆巻（ナードウジュエン）
納豆巻き
妳（ニイ）要不要（ヤオブゥヤオ）嚐嚐看（チャンチャンカン）？
ちょっと試してみる？
不要（ブゥヤオ）！
いらない！
そんなにキライですか…
ん
ぷ
その臭いダメ！
お二人様お愛想でーす
お腹いっぱ～い
いっぱい食べましたからね……
お愛想ってなあに？
結帳的意思（ジエヂャンダイース）
お会計の意味です
讓你（ルアンニイ）破費了（ポーフェイラ）
ごちそうさまでした
ぶー
拜拜（バイバイ）～
バイバイ～
TAXI
どういたしましてー
明天見（ミンティエンジエン）～
また明日ね～

● 第1話「回転寿司」でおもてなし

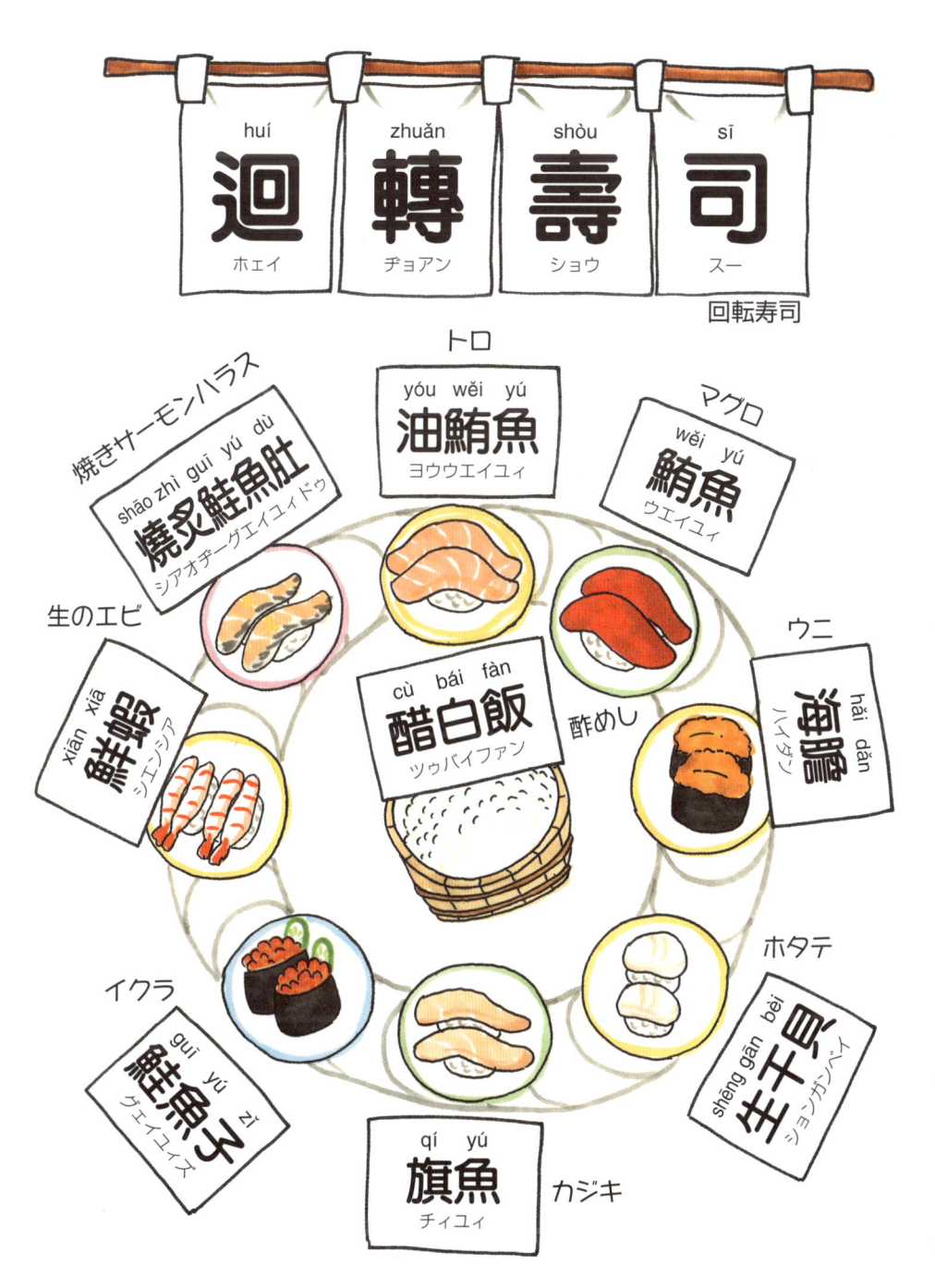

huí	zhuǎn	shòu	sī
迴	轉	壽	司
ホェイ	ヂョアン	ショウ	スー

回転寿司

トロ
yóu wěi yú
油鮪魚
ヨウウエイユィ

マグロ
wěi yú
鮪魚
ウエイユィ

焼きサーモンハラス
shāo zhì guī yú dù
燒炙鮭魚肚
シアオヂーグェイユィドゥ

ウニ
hǎi dǎn
海膽
ハイダン

生のエビ
xiān xiā
鮮蝦
シエンシア

cù bái fàn
醋白飯
ツゥバイファン

酢めし

ホタテ
shēng gān bèi
生干貝
ションガンベイ

イクラ
guī yú zǐ
鮭魚子
グェイユィズ

qí yú
旗魚
チィユィ

カジキ

● 17 ●

しょう油
醬油
jiàng yóu
ジアンヨウ

茶
茶
chá
チャー

いなり寿司
豆皮壽司
dòu pí shòu sī
ドウピーショウスー

かっぱ巻き
黃瓜卷
huáng guā juǎn
ホアングアジュエン

あさりのみそ汁
蛤仔味噌湯
gé zǐ wèi cēng tāng
ゴオズウエイツゥンタン

とびこ
飛魚卵
fēi yú luǎn
フェイユィルワン

薑片
jiāng piàn
ジアンピエン

ガリ

アボカド巻き
酪梨卷
lào lí juǎn
ラオリージュエン

エリンギ
杏鮑菇
xìng bào gū
シンバオグゥ

鮪魚卷
wěi yú juǎn
ウエイユィジュエン

鉄火巻き

卵焼き
蛋卷
yú zǐ shāo
ユイズシアオ

第2話 「お寺や神社」でおもてなし

寺廟 si miào
スーミアオ

浅草寺

早！ ザァオ
おはよう！

今天去淺草寺觀光吧
ジンティエンチュィ チェンツァオスー グアングアンバ
今日は浅草寺に観光に行きましょう

淺草寺是東京最古老的寺廟
チェンツァオスーシー ドォンジンズイグゥラオダ スーミアオ
浅草寺は東京で最も古いお寺です

淺草寺離淺草站很近
チェンツァオスー リー チェンツァオヂャン ヘンジン
浅草寺は浅草駅から近いです

わあ ちょうちん 大きいねぇ
我幫妳照（ウォ バン ニイ ヂャオ）
写真を撮ってあげる
ワンツウシィ
ぱしゃ
ぽ〜ず
入り口に 神様がいるねー
右邊是（ヨウ ビエンシー）風神（フォンシェン）
右側が 風神様
左邊是（ズオ ビエンシー）雷神（レイ シェン）
左側が 雷神様
わあ 中はお店が いっぱ〜い
にぎやか〜
這裡是（ヂョーリ シー）「仲見世（なかみせ）」
ここは 仲見世です
「仲見世」是（シー）寺廟或神社的（スー ミアオフオ シェンショーダ）商店街（シャンディエンジエ）
仲見世は お寺や神社の 商店街です
わい わい わい わい
わい

おいしそうなものがいっぱい
這裡有（ヂョーリヨウ）很多（ヘンドゥオ）美食和（メイシーハン）紀念品店（ジィニエンピンディエン）
ここにはたくさんのおいしい食べ物屋さんやお土産屋さんがあります
那家是（ナージィアシー）「人形燒」（ルェンシンシアオ）的（ダ）老牌店（ラオパイディエン）
あの店は「人形焼き」の老舗です
人形焼
いつも焼きたて
「人形燒」（ルェンシンシアオ）有（ヨウ）很多種（ヘンドゥオヂョォン）形狀（シンヂョアン）
「人形焼き」にはいろいろな形があります
鴿子 ゴォズ
ハト
燈籠 ドンロォン
ちょうちん
五重塔 ウーチョンター
五重の塔
雷神 レイシェン
雷神様
裡面包（リミエンバオ）豆沙（ドウシャー）
中身はさらしあんです
妳要（ニィヤオ）嚐嚐嗎？（チャンチャンマ）
食べてみますか？
食べたーい!!
あったかくておいしい～っ♡
現做的（シェンズオダ）
作りたてで～す

進了(ジンラ)
那個門(ナーゴォメン)
就是(ジョウシー)
本堂(ベンタン)

あの門をくぐると本堂です

那是(ナーシー)
五重塔(ウーチョンター)

あれは五重の塔です

あの香炉でみんな何してるの?

把煙(バーイェン)
撥向自己(ボーシアンズージィ)

お線香の煙は体にいいんですよ

香的煙(シアンダイェン)
對身體(ドェイシェンティ)
很好(ヘンハオ)

煙を浴びます

●第2話「お寺や神社」でおもてなし

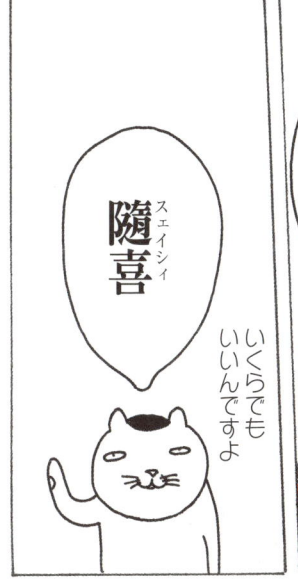

五圓也（ウー ユエンイエ）
可以（コォ イー）
5円でもいいです
ホント？
五圓代表（ウー ユエンダイ ビアオ）
有緣（ヨウ ユエン）
〝五円〟には縁があるという意味があります
ちゃりーん
ふんぱつしましたね
二重によい縁がありますように〜っ
合掌（ホー ヂャン）
一鞠躬（イー ジューゴォン）
手を合わせて1回おじきをします
妳要（ニィ ヤオ）
抽籤嗎？（チョウチエンマ）
おみくじ引きますか？
引く〜っ
おみくじ
一次（イー ツー）
一百圓（イー バイ ユエン）
1回100円
え？おみくじにお金払うの？

● 第2話「お寺や神社」でおもてなし

おみくじは7種類あります

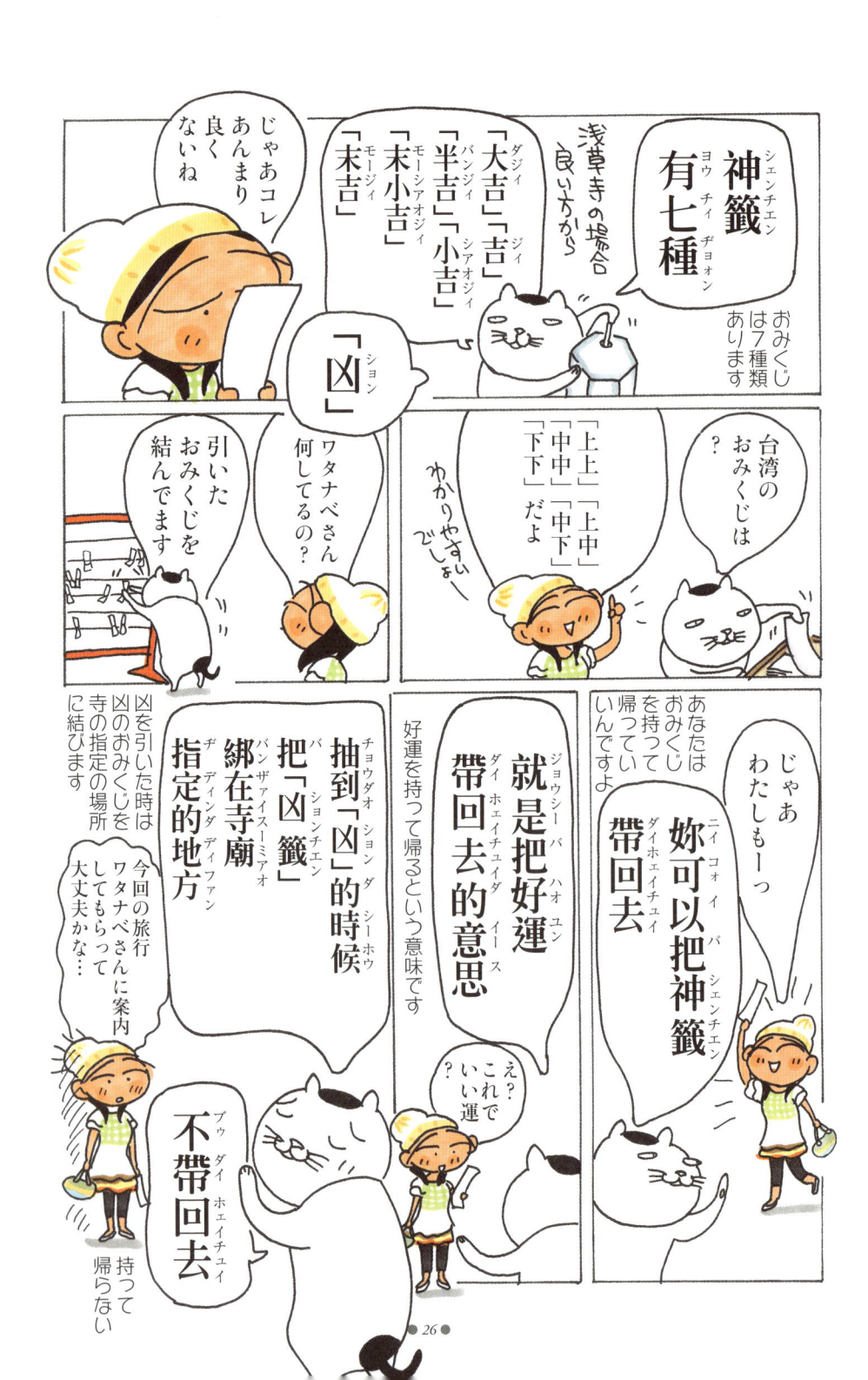

神籤(シェンチェン)有七種(ヨウチィヂョン)

台湾のおみくじは？

「上上」「上中」
「中中」「中下」
「下下」だよ

わかりやすいでしょ〜

浅草寺の場合 良い方から
「大吉」(ダジィ)「吉」(ジィ)
「半吉」(バンジィ)「小吉」(シアオジィ)
「末吉」(モージィ)「末小吉」(モーシアオジィ)
「末吉」(モージィ)

じゃあコレあんまり良くないね

「凶」(ション)

ワタナベさん何してるの？

引いたおみくじを結んでます

じゃあ わたしも〜っ

あなたはおみくじを持って帰っていいんですよ

妳可以把神籤帶回去
(ニィコォイ バ シェンチェン ダイホェイチュイ)

帶回去(ダイホェイチュイ)

好運を持って帰るという意味です

就是把好運帶回去的意思
(ジョウシーバ ハオユン ダイホェイチュイダ イース)

抽到「凶籤」的時候
(チョウダオ ションダ シーホウ)
綁在寺廟指定的地方
(バンザイスーミアオ ヂィンダディファン)

凶を引いた時は凶のおみくじを寺の指定の場所に結びます

え？これでいい運？

今回の旅行ワタナベさんに案内してもらって大丈夫かな…

不帶回去(ブウダイホェイチュイ) 持って帰らない

● 第2話「お寺や神社」でおもてなし

淺草寺
Qiǎn cǎo sì
チェンツァオスー

お土産
tǔ chǎn
土產
トゥチャン

人形焼き
rén xíng shāo
人形燒
ルェンシンシァオ

大福
dà fú
大福
ダーフゥ

扇子
shàn zi
扇子
シャンズ

団子
nuò mǐ yuán zǐ
糯米圓仔
ヌオミーユエンズ

アイス抹茶
bīng mò chá
冰抹茶
ビンモーチャー

提灯
dēng lóng
燈籠
ドンロォン

メロンパン
fèng lí miàn bāo
鳳梨麵包
フォンリーミエンバオ

アイス最中
bīng qí lín zuì zhōng
冰淇淋最中
ビンチィリンズェイヂォオン

手焼き煎餅
shǒu gōng cuì bǐng gān
手工脆餅乾
ショウゴォンツェイビンガン

拜拜
bài bài
バイバイ

お参り

煙
yān
煙
イエン

合掌
hé zhǎng
合掌
ホーヂャン

煙をあびる

撥煙
bō yān
撥煙
ボーイエン

お線香
xiāng
香
シアン

御神籤
shén qiān
神籤
シェンチエン

観音菩薩
Guān yīn pú sà
觀音菩薩
グアンインプゥサー

xiāng lú
香爐
シアンルゥ

香炉

第3話「甘味処」でおもてなし

Rì shì tián diǎn 日式甜點 ルィシーティエンディエン

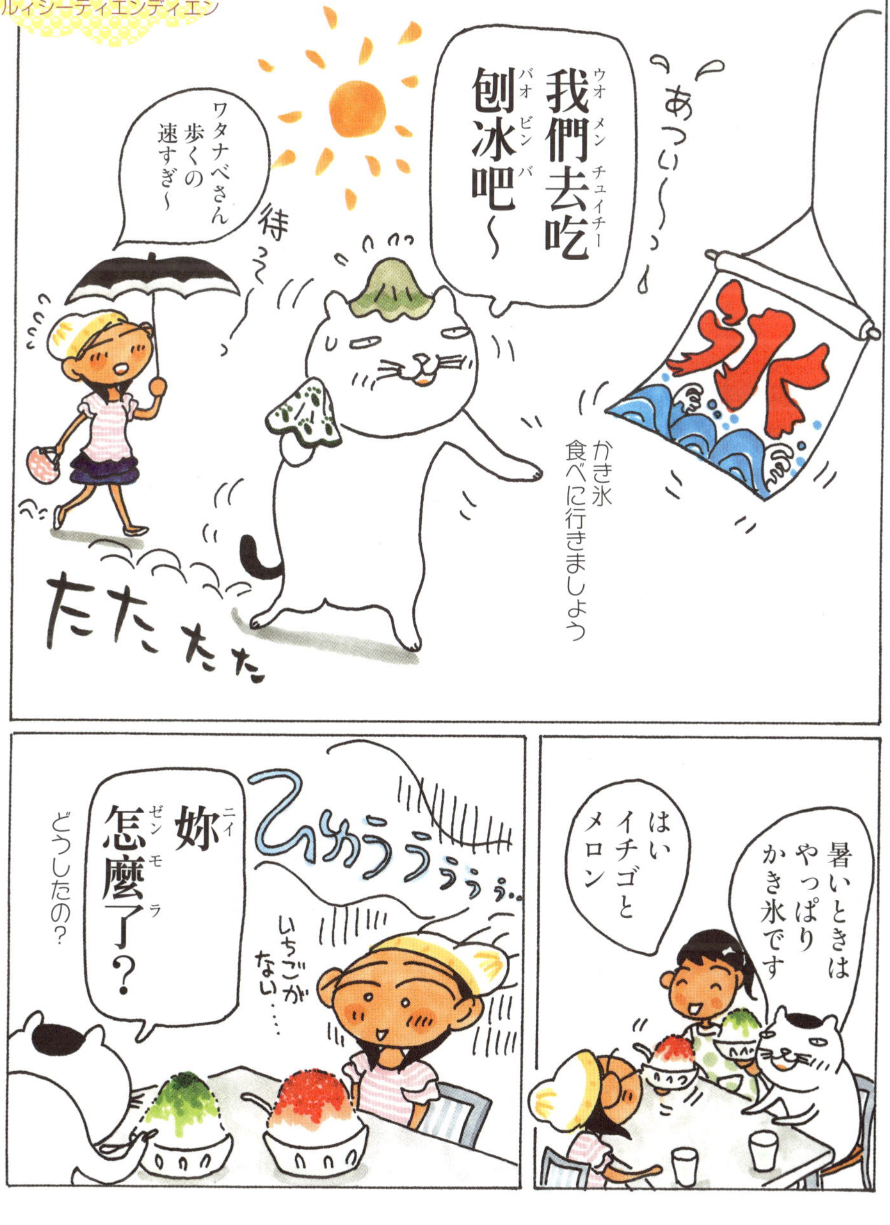

台湾のマンゴーかき氷はとっても有名です

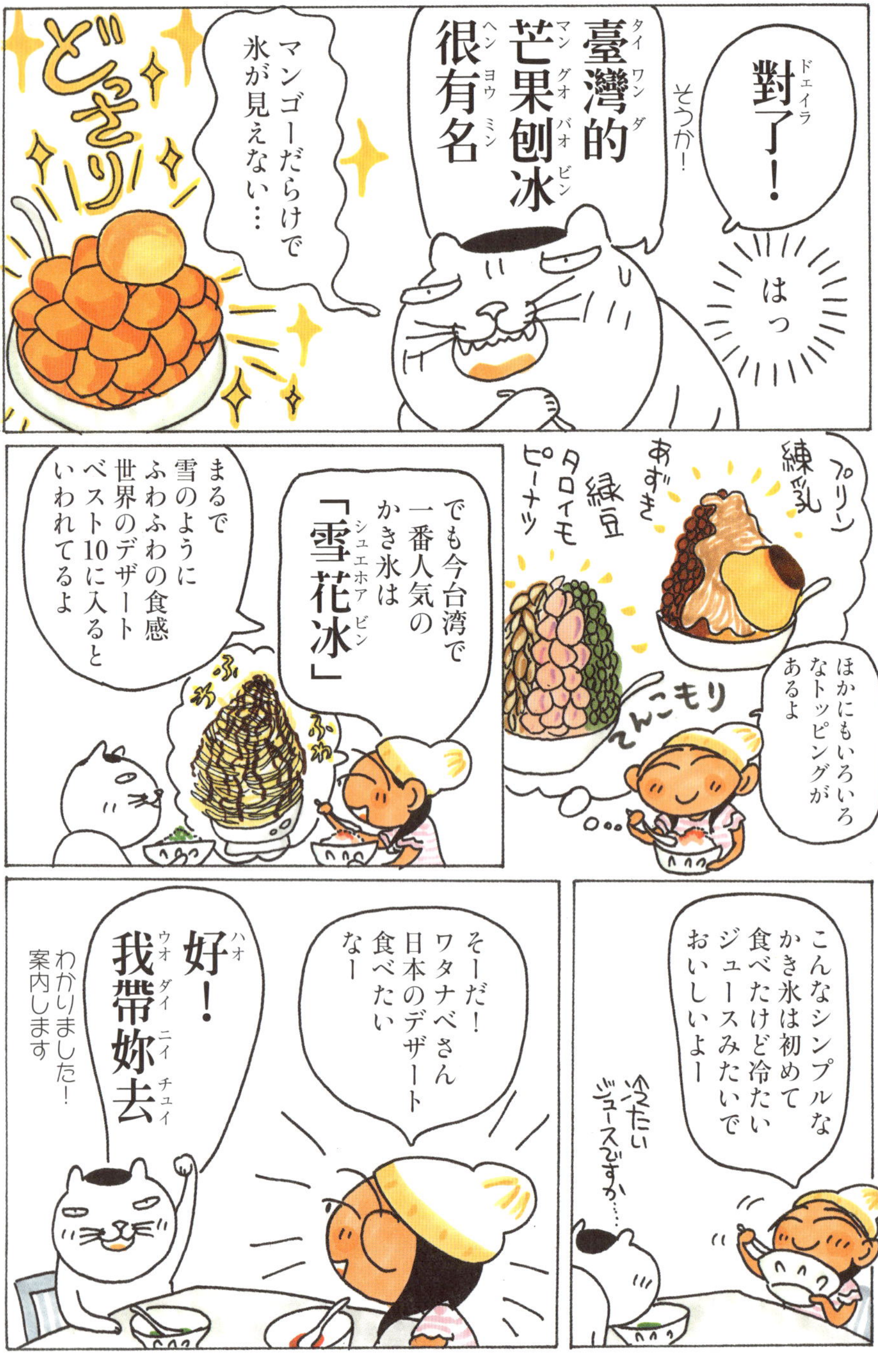

猫や
甘味処
好久沒來了～（ハオジョウメイライ ラ）
久しぶり～
なんで？
こうゆう所は男一人じゃなかなか入れないからね～
愛吃還怕不好意思（アイチーハイパー ブゥハオイース）
食べたいくせに恥ずかしいんだ
妳想吃什麼就吃什麼（ニイシアンチー シェンモ ジョウチーシェンモ）
食べたいものなんでも食べて
あれおいしそうだねー
那是抹茶百匯（ナーシー モーチャー バイホェイ）
あれは抹茶パフェです
日本といえばやっぱり抹茶だね～
台湾でも人気～
妳沒喝過抹茶嗎？（ニイ メイ ホー グオ モー チャーマ）
抹茶は飲んだことないの？
抹茶味のお菓子は食べたことあるけど抹茶は飲んだことないよ
じゃあためしてみたら？
百聞不如一見（バイウエンブゥルウイージエン）
百聞は一見に如かずです

醬油糯米圓仔
ジァンヨウ ヌオミー ユエンズー
みたらし団子

あれは？

櫻餅
インビン
桜もち

裡面是紅豆沙
リーミエンシー ホンドウシャー
中身はさらしあんです

あれは？

這個怎麼樣？
ジョーゴ ゼンモヤン

これはどうですか？

どう違うの？

「餡蜜」有紅豆沙
シェンミー ヨウ ホンドウシャー
「蜜豆」沒有紅豆沙
ミードウ メイヨウ ホンドウシャー

「あんみつ」にはさらしあんが入っていて「みつ豆」には入っていません

あんみつー

把黑蜜倒上去
バー ヘイミー ダオ シャンチュイ

黒蜜をかけます

● 第3話「甘味処」でおもてなし

「ムアチィー」は台湾語で「おもち」の意味だよ
抹茶です
このお菓子ちっちゃくてかわいいね
抹茶附的（モーチャーフゥダ）和風小甜點（ホーフォンシアオティエンディエン）
抹茶には和菓子がついてきます
有點苦（ヨウディエンクゥ）…
少しにがい…
でもこの甘〜い和菓子とよく合うね〜
抹茶含有（モーチャーハンヨウ）各種維他命（ゴォヂョンウエイターミン）
抹茶はいろいろなビタミンを含んでいます
有（ヨウ）減肥效果（ジエンフェイシアオグオ）
ダイエット効果があります
抹茶もう一杯くださ〜い
聽說（ティンシュオ）日式鬆餅（ルイシーソォンビン）很棒（ヘンバン）
日本のパンケーキは絶品だって聞いたよ
おススメ！パンケーキ
妳想吃嗎（ニイシアンチーマ）？
食べたい？
パンケーキです
わぁ〜

●第3話「甘味処」でおもてなし

我們坐巴士去車站吧
ウォメンズォ パーシーチュイ チョーヂャン バ
バス乗って駅まで行きましょう

不坐
ブーズォ
乗らない

妳要坐計程車嗎?
ニィヤオズォ ジィチェンチョーマ
タクシーに乗りたいですか?

え……

カロリーそーとーオーバーした
駅まで歩くよー

直走就可以到車站
ヂーズォ ジョウコォイーダオ チョーヂャン
まっすぐ行くと駅に着きます

そういうことですか……

走得太快了〜
ゾウダ タイクァイラ
歩くの速すぎ〜っ

待って〜っ

減肥 ダイエット
ジェンフェイ

だだだだ

還我苗條!還我苗條!
ホァンウォミアオティアオ ホァンウォミアオティアオ
スマートなスタイルを返して!

● 第3話「甘味処」でおもてなし

日式甜點
(Rì shì tián diǎn)
ルィシーティエンディエン

日本のデザート
(和風デザート)

あん団子
紅豆圓仔 (hóng dòu yuán zǐ)
ホォンドウユエンズ

どら焼き
銅鑼燒 (tóng luó shāo)
トォンルオシァオ

煎茶
煎茶 (jiān chá)
ジエンチャー

抹茶パフェ
抹茶百匯 (mò chá bǎi huì)
モーチャーバイホェイ

おしるこ
ぜんざい
紅豆湯 (hóng dòu tāng)
ホォンドウタン

団子
糯米圓仔 (nuò mǐ yuán zǐ)
ヌオミーユエンズ

クリームあんみつ
冰淇淋餡蜜 (bīng qí lín xiàn mì)
ビンチィリンシエンミー

蜜豆 (mì dòu)
ミードウ
みつ豆

パンケーキ
日式鬆餅 (Rì shì sōng bǐng)
ルィシーソォンビン

茶道 chá dào チャーダオ

- 茶匙 chá chí チャーチー (茶杓)
- 釜 fǔ フゥ (釜)
- 水杓 shuǐ sháo シェイシャオ (柄杓)
- 茶罐 chá guàn チャーグアン (茶館)
- 火爐 huǒ lú フオルゥ (風炉)
- 泡茶 pào chá パオチャー (お茶をたてる)
- 茶筅 chá xiǎn チャーシエン (茶筅)
- 抹茶 mò chá モーチャー (抹茶)
- 茶杯 chá bēi チャーベイ (茶碗)
- 和菓子 hé guǒ zi ホーグオズ (和菓子)
- 榻榻米 tà tà mǐ ターターミー (畳)

第4話「浴衣と下駄」でおもてなし

浴衣和木屐
yù yī hàn mù jī
ユィイーハンムゥジィ

好可愛的木屐～
(ハオコォアイダ ムゥジィ)
わあ！かわいい下駄～

「木屐」(ムゥジィ)日文叫(ルイウエンジアオ)「GETA」

「木屐」は日本語で「下駄」といいます

39

「木屐帶」の模様がかわいいね

木屐帶(ムゥジィダイ)
古色古香(グゥソォグゥシアン)

鼻緒には旧い時代の趣きがあります

要不要(ヤオブゥヤオ)
試穿(シーチョアン)
看看(カンカン)

試しに履いてみますか？

決めた〜これ買う〜♡

いいね〜

決めるの早いね…

木屐(ムゥジィ)
要搭配浴衣(ヤオダーペイユィイー)
才好看(ツァイハオカン)

下駄は浴衣と合わせるといいですよ

浴衣(ユィイー)？

ゆかた？

「浴衣」日文叫「YUKATA」(ユィイー ルイウエンジアオ)

「浴衣」は日本語で「YUKATA」といいます

和服的(ホーフゥダ)
一種(イーヂョオン)

和服の一種です

40

● 第4話「浴衣と下駄」でおもてなし

夏天的（シアティエンダ）
煙火大會（イェンフォダーホェイ）
常看得到（チャンカンダダオ）
浴衣（ユイイー）

夏の花火大会では
よく浴衣を見かけますよ

そーか
「ユタカ」ね

「ユカタ」です

じゃあ
ワタナベさん
ユカタ買いに
行こう！

那（ナ）
去百貨公司（チュイバイフォゴォンスー）
看看吧（カンカンバ）

デパートに行って
ちょっと見てみましょう

百貨公司（バイフォゴォンスー）
デパート

在拍賣（ザァイパイマイ）
セール中です

わあー みんなかわいいから迷うねー
妳喜歡（ニイ シィ ホアン）什麼花樣（シェンモ ホア ヤン）？
どんな模様が好きですか？
浴衣の柄の意味
粉紅色的（フェンホォンソォ ダ）櫻花（イン ホア）
ピンク色の桜の花
日本らしくてかわいい〜
櫻花（インホア）代表（ダイビアオ）萬事之始（ワン シー ヂー シー）
桜は万物の始まりを表しています
へエー 柄に意味があるんだね
那（ナー）じゃあ
這件呢（ヂョージエンナ）？
これは？
牽牛花（チエンニォウホア）
朝顔
愛情（アイ チン）
愛情
それってステキー♡♡♡
浴衣の柄の意味
ホラ 朝顔ってつるがあるでしょ
だからあなたにぐるぐるからみつく
じゃないかな
ぐる ぐる
ぐる ぐる
それってしつこい女みたいだね

これも日本っぽいね
藤花（トエンホア）
藤の花
子孫満堂（ズースンマンタン）
子孫繁栄
今はいらないいや
や〜めた…
蝴蝶（フゥディエ）代表（ダイビアオ）不老不死（ブゥラオブゥスー）
チヨウは不老不死を表しています
そんなに長生きしてもなー みんな死んじゃったら寂しいし…
這件（ヂョージエン）怎麼様（ゼンモヤン）？
これはどうですか？
金魚（ジンユイ）
金魚
金魚（ジンユイ）代表（ダイビアオ）幸福（シンフゥ）富裕（フゥユイ）
金魚は幸福豊かさを表しています

これ買う～
決めるの早いですね…
だって金魚は華語で「金魚(ジンユィ)」お金が余るの「餘(ユィ)」と同じ発音だからエンギがいいの
「魚(ユィ)」
魚
「餘(ユィ)」
余る
お金が『余る』
な～るほど台湾の人に浴衣をすすめるなら金魚柄がいいですね
金余る
金余る
浴衣を着るのに帯が必要だよね
配這條浴衣帯(ペイヂョーティアオユィイーダイ)怎麼樣(ゼンモヤン)?
この帯を合わせたらどうですか?
試穿(シーチョアン)看看吧(カンカンバ)
どうやって着たらいいの?
試着してみなよ!
右領在下(ヨウリンザァイシア)左領在上(ズオリンザァイシャン)
右襟を下にして左襟を上にします
わかんな～い
?

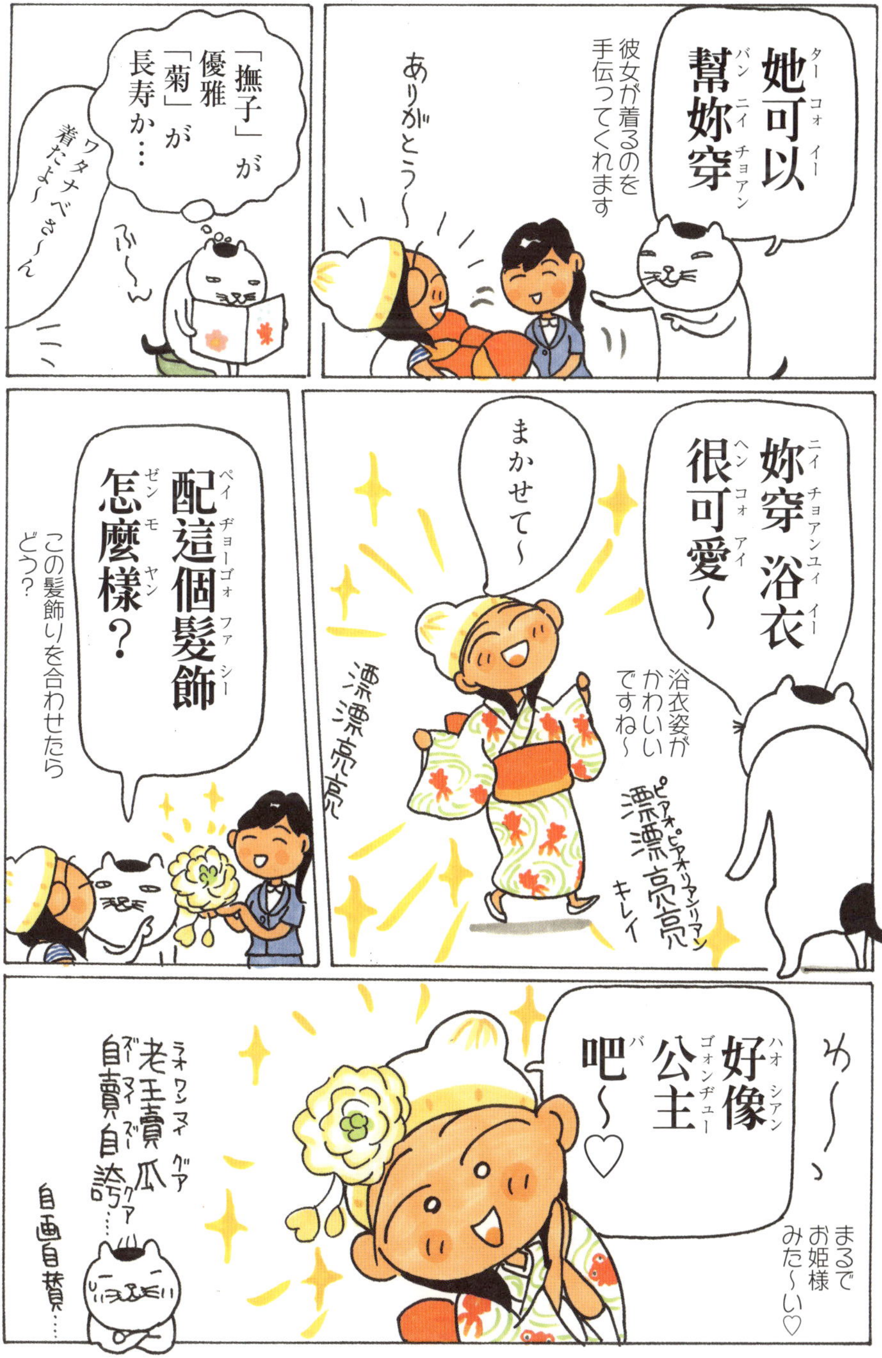
她可以幫妳穿（ター コォ イー バン ニイ チョアン）
彼女が着るのを手伝ってくれます
ありがとう〜
「撫子」が優雅「菊」が長寿か…
ふ〜ん
ワタナベさ〜ん着たよ〜
妳穿浴衣很可愛〜（ニイ チョアン ユイ イー ヘン コォ アイ）
浴衣姿がかわいいですね〜
まかせて〜
漂漂亮亮（ピアオピアオリアンリアン）
キレイ
漂漂亮亮
配這個髮飾怎麼樣？（ペイ ヂョーゴォ ファシー ゼンモヤン）
この髪飾りを合わせたらどう？
好像公主吧〜♡（ハオ シアン ゴォンヂュー バ）
まるでお姫様みた〜い♡
め〜っ
老王賣瓜自賣自誇…（ラォワンマイグア ズーマイズークア）
自画自賛…

浴衣と帯と髪飾りのセットがお得です
買（マイ）整套（チェンタオ）比較便宜（ビージアオピエンイー）
セットで買うと安くなります
OKー
セットで買うよー
妳好像模特兒（ニイハオシアンモータアル）…
モデルさんみたいですね
モデルさんよりかわいいよ～♡
臺灣千金（タイワンチエンジン）
台湾のお嬢様
還是（ハイシー）「老王賣瓜（ラオワンマイグア）自賣自誇（ズーマイズークア）」
やっぱり「自画自賛」

● 第4話「浴衣と下駄」でおもてなし

浴衣花樣
yù yī huā yàng
ユィイーホアヤン

浴衣の模様

桜
yīng huā
櫻花
インホア

菊
jú huā
菊花
ジューホア

チョウ
hú dié
蝴蝶
フゥディエ

なでしこ
fǔ zǐ
撫子
フゥズ

朝顔
qiān niú huā
牽牛花
チエンニォウホア

金魚
jīn yú
金魚
ジンユィ

日本的夏天
Rì běn de xià tiān
ルィベンダシアティエン

日本の夏

花火
yān huǒ
煙火
イエンフォ

月
yuè liàng
月亮
ユエリアン

星
xīng xīng
星星
シンシン

髪飾り
fǎ shì
髮飾
ファシー

うちわ
tuán shàn
團扇
トアンシャン

扇子
shàn zī
扇子
シャンズ

浴衣
yù yī
浴衣
ユィイー

帯
yù dài
浴帶
ユィダイ

下駄
mù jī
木屐
ムゥジィ

蚊とりブタ
wén xiāng zhū
蚊香豬
ウエンシアンヂュー

● 48 ●

第5話「天ぷら」でおもてなし

tiān fù luó
天婦羅
ティエンフゥルオ

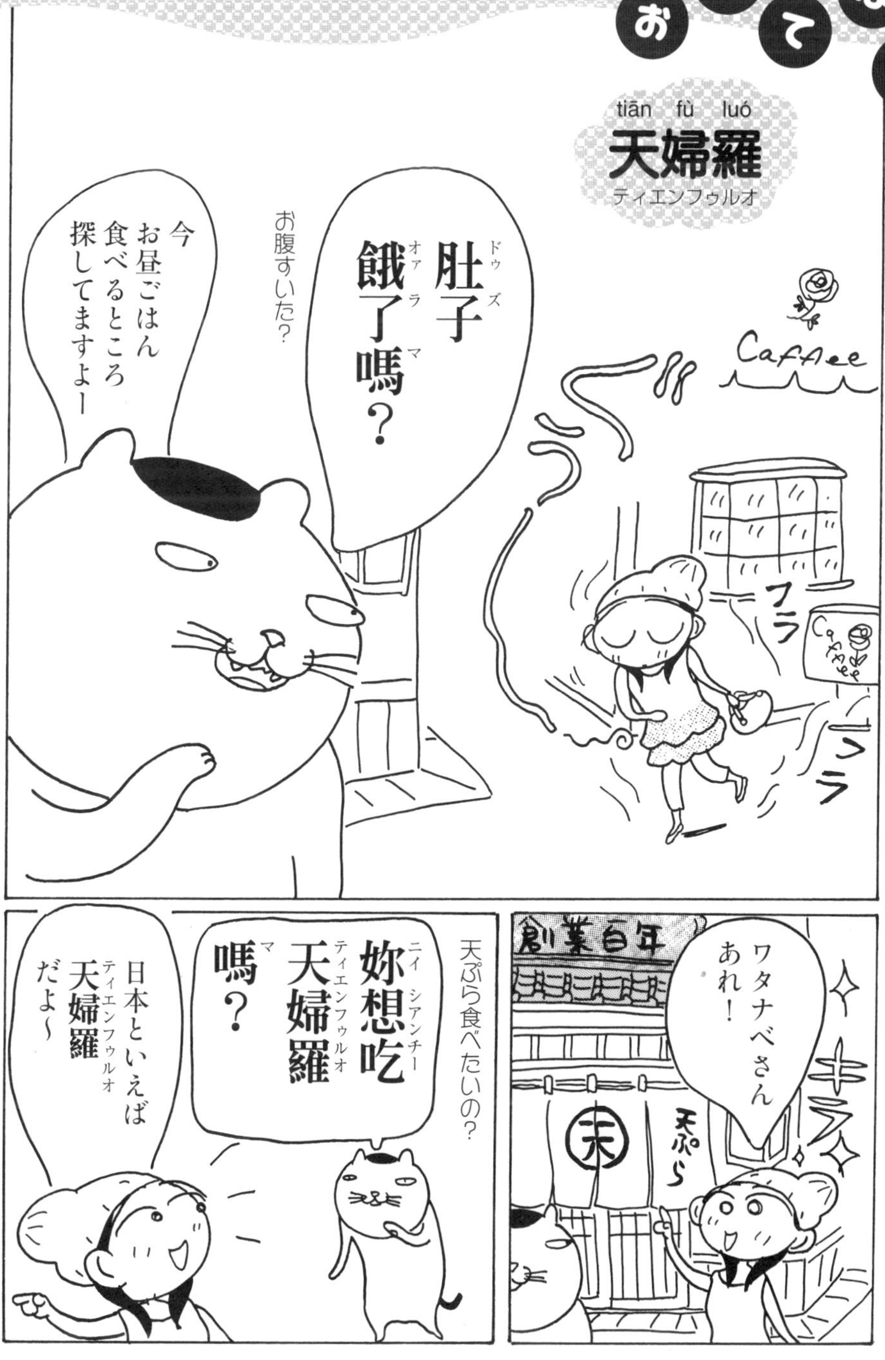

台湾では「甜不辣（ティエンブゥラー）」は屋台でよく見かけるけど「天婦羅（ティエンフゥルオ）」は少ないよー
天ぷら
「甜不辣（ティエンブゥラー）」は魚のすり身を油で揚げたものに甘辛ソースをかけて食べるんだよ
それは日本でいう「さつま揚げ」ですね
だから～本場の日本の天ぷら食べた～い♡
ここでいいですか？
天ぷら
天ぷら命
げっ…カウンターだけこだわりのありそうな店主なんだかこの店高そう…
いらっしゃい
え…カウンターしかないの？小さい店だから安いのかな…

ランチ
天ぷら定食
天丼
ランチがあった
これにしよう
妳想吃（ニイシアンチー）A套餐（タオツァン）還是（ハイシー）B套餐（タオツァン）？
A定食にしますか
それともB定食？
Aランチ
天ぷら定食
おまかせコース
二千円
Bランチ
えび天丼
二千円
この店の
オススメは
何？
Aランチ
天ぷら定食
おまかせ
コース
現炸（シエンヂャー）
目の前で揚げます
一個一個地上（イーゴォイーゴォディシャン）
ひとつひとつ出してくれます
じゃあ
Aランチ
と…
Bランチで…
炸蝦（ヂャーシア）
エビを揚げる
じゅわわわ
炸好了（ヂャーハオラ）
揚がったよー
わーっ
もうできたの
～っ

エビはね……

中は半生状態で取り出すあとは余熱で中まで火が通るよ

これはたれにつけるのかな？

撒鹽吃(サーイエンチー) 比較(ビージアオ) 好吃(ハオチー)
塩をふって食べたほうがおいしいよ

え…

マスター華語話せますか〜
おじさんの発音いいよ〜
台湾の友達がいてね…昔ちょっとかじったことがあるんだよ

又鮮又甜〜♡(ヨウ シエンヨウ ティエン)
この エビ
新鮮で甘〜い♡

撒鹽吃(サーイエンチー) 可以吃得出(コーイー チーダ チュー) 食材的原味(シーツァイダ ユエンウェイ)
塩をふって食べると食材の本来の味を引き出すことができるんだ
なるほど〜

●第5話「天ぷら」でおもてなし

今度はずい分長い時間揚げてるね

這是鱔魚
(ジョーシー シィユイ)

これはキス

じゅわわわ…

天ぷらの揚げ方はひとつひとつ違うんだ

キスは水分が多いから長めに揚げて水分をとばすのさ

毎一個 天婦羅的 炸法都不一様
(メイイーゴ ティエンフウルオダ ヂャーファドウブゥイーヤン)

揚がったよ〜

炸好了〜
(ヂャーハオラ)

わぁ〜

これにつけて食べてもいいよ

沾 這個吃 也可以
(ヂャン ヂョーゴォチー イエコォイー)

B定食ができたよ〜

B套餐 好了
(ビー タオツァン ハオラ)

コロモがさくさく〜

キスがやわらか〜い♡

麺衣 很酥脆〜
(ミエンイー ヘンスゥツェイ)

鱔魚 很鬆軟〜♡
(シィユイ ヘンソンルゥワン)

● 53 ●

炸蝦蓋飯(ヂャーシアガイファン)
エビ天丼
熱呼呼(ルォフゥフゥ)
ほかほか〜
んま〜い
天丼はごはんにかかったタレがおいしいんですよ〜
へェ〜そ〜なんだ〜
接下來(ジエシアライ)是(シー)…
次は…
星饅(シンマン)
アナゴ
超酥脆(チャオスゥツエイ)〜
超サクサク〜
蓮藕(リエンオウ)
レンコン
蘆筍(ルゥスン)
アスパラ
南瓜(ナングア)
カボチャ
こんなに厚〜い

●第5話「天ぷら」でおもてなし

南瓜要(ナングァヤオ)慢慢地炸(マンマンディヂャー)

カボチャはゆっくり揚げる

衣の中でじっくり蒸されるから甘味が出る

ほっくほく〜

これもおやじさんの職人ワザですね

超好吃(チャオハオチー)

めちゃおいし〜

這是(ヂョシー)最後(ズェイホウ)一道菜(イーダオツァイ)

これが最後の一品です

迷你炸蔬菜餅飯(ミーニィヂャーシューツァイビンファン)

ミニサイズの野菜かき揚げ丼

味噌湯(ウェイツゥンタン)

みそ汁

醤菜(ジアンツァイ)

お漬物

おいしいだろ!
好吃吧!（ハオチーバ）
太棒了~（タイバンラ）
すばらしい~
完食!
碗底朝天!（ワンディチャオティエン）
ぱち
ぱち
ごちそうさまでした
日本的天婦羅（ルィベンダティエンフゥルオ）
日本の天ぷら
讚!!（ザン）
ブラボー!!
歡迎再來~（ホアンインザァイライ）
また来なよ~

● 第5話「天ぷら」でおもてなし

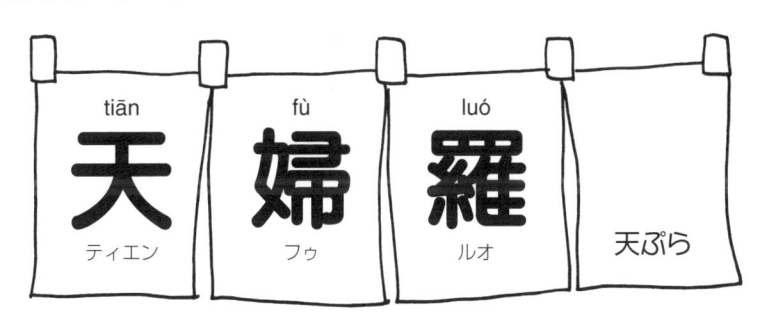

tiān	fù	luó
天	婦	羅
ティエン	フゥ	ルオ

天ぷら

エビ
xiā zi
蝦子
シアズ

イカ
huā zhī
花枝
ホアヂー

キス
xǐ yú
鱚魚
シィユィ

アナゴ
xīng màn
星饅
シンマン

コチ
niú wěi yú
牛尾魚
ニォウウエイユィ

揚げたて
xiàn zhà
現炸
シエンヂャー

エビを揚げる
zhà xiā
炸蝦
ヂャーシア

天ぷら粉
fěn jiāng
粉漿
フェンジアン

つけ汁
jiàng zhī
醬汁
ジアンヂー

野菜かき揚げ
zhà shū cài bǐng
炸蔬菜餅
ヂャーシューツァイビン

tiān fù luó pīn pán
天婦羅拼盤
ティエンフゥルオピンパン

天ぷら盛り合わせ

シソ
zǐ sū yè
紫蘇葉
ズースゥイエ

エビ
xiā zi
蝦子
シアズ

ナス
qié zi
茄子
チエズ

カボチャ
nán guā
南瓜
ナングア

レンコン
lián ǒu
蓮藕
リエンオウ

大根おろし
bái luó bō ní
白蘿蔔泥
バイルオボーニイ

シイタケ
xiāng gū
香菇
シアングゥ

シシトウ
qīng là jiāo
青辣椒
チンラージアオ

はし
kuài zi
筷子
グアイズ

第6話「スーパーマーケット」でおもてなし

超市 chāo shì
チャオシー

去超市買吧 チュイチャオシー マイ バ
スーパーに行って買いましょう

那 ナー
じゃあ

ワタナベさんホテルで食べるおやつとか少し買いたいなー

妳敢吃納豆嗎? ニィガンチー ナードウ マ
納豆食べられるの?

え?

じっ…

ざらっ…

こんなにたくさん納豆が並んでるのはじめて見た…

日本人很喜歡吃納豆 ルィベン ルェン ヘン シィ ホアン チー ナードウ
日本人は納豆が好きです

●59●

食べてみる?
妳要不要吃?（ニイヤオブゥヤオチー）
いらない
不要（ブゥヤオ）
だって臭いんだもん
極小粒なっとう
台湾にも臭〜い豆腐があるじゃないですか
豆腐を発酵させた「臭豆腐」（チョウドウフゥ）
「臭豆腐」はおいしいよー
あれもそーとー臭いと思うけど…
糸ひいてないもん
臭豆腐
糸ひいてると腐ってるみたいじゃん…
何を探してるの?
妳在找什麼?（ニイザァイヂャオシェンモ）
抹茶味のお菓子
這裡有（ヂョーリヨウ）
ここにあります
抹茶巧克力（モーチャーチアオコォリ）
抹茶餅乾（モーチャービンガン）
抹茶チョコレート
抹茶クッキー
全部ほしい〜♡
抹茶 Biscoits
KitKat 抹茶

●第6話「スーパーマーケット」でおもてなし

薯條呢?
シュティアオナ
ポテトスティックは?

それも欲しい～っ

妳要哪種口味?
ニィヤオナーヂョオンコウウェイ
どの味がいい?

有「沙拉」「奶油」「起士」
ヨウ シャラー ナイヨウ チィシー
サラダ バター チーズ味があります

這些都是泡麵
ヂョーシエ ドウシー パオミェン
これらは全部インスタントラーメンです

ワタナベさん 台湾の友達のおみやげにインスタントラーメン買って帰りたいな

…全部買いましたか

どんな味があるの?

おもに

有「味噌」和「鹽」「醬油」「豬排骨湯」
ヨウ ウェイツゥン ハン イェン ヂァンヨウ ヂューパイグゥタン

「味噌」「塩」「しょう油」と「とんこつ」があります

● 61 ●

日本といえばやっぱりおみそだねー
台湾のインスタントラーメンはなに味が人気？
「紅焼牛肉」「鶏排骨」「ジャージャー麺」
「紅焼牛肉（ホォンシァオニォウルゥオ）」「雞排骨（ジィパイグゥ）」「炸醬麵（ヂャージァンミエン）」
あとは漢方や薬膳のインスタントラーメンも人気
めっちゃ台湾味だね
これはどう？
這個（ヂョーゴォ）怎麼樣（ゼンモヤン）？
これは私のいちばんのお気入りのきつねうどん
這是（ヂョーシー）我最愛吃的（ウオズェイアイチーダ）豆皮烏龍麵（ドウピーウーロォンミエン）
カップ麺は持って帰るのかさばるからホテルで食べるよ
ねえワタナベさんベジのインスタントラーメンどこにある？
え？
素泡麵嗎（スゥパオミエンマ）？
ベジのインスタントラーメン？
台湾のベジタリアンの友達に買って帰りたいの
日本のスーパーにはほとんど置いてないです
自然食品屋さんに行かないと……
え？ないの？
え？台湾のスーパーにはあるの？

●第6話「スーパーマーケット」でおもてなし

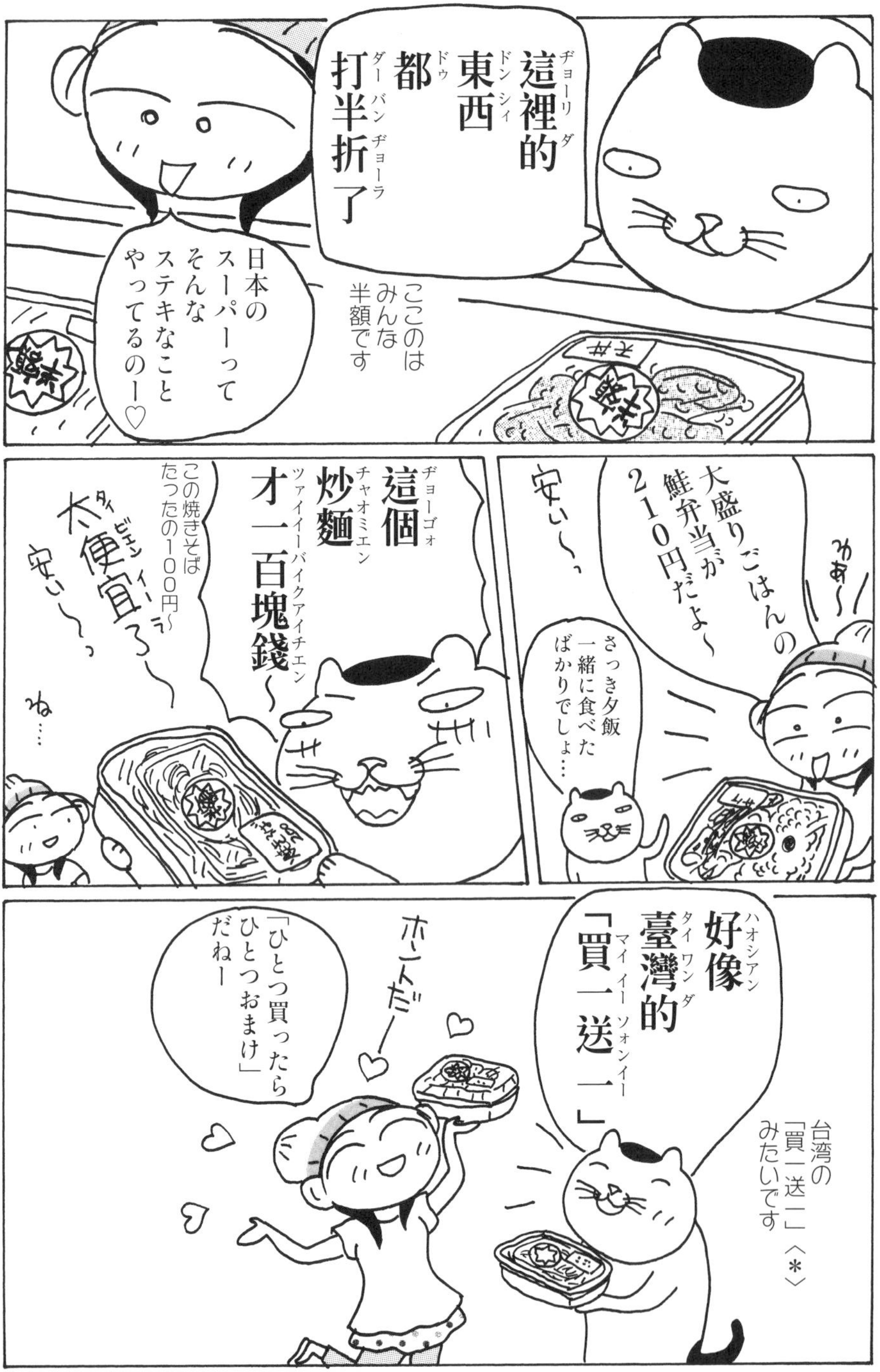

＊一つ買ったら一つおまけ

妳要買什麼？（ニイヤオマイシェンモ）
何を買うの？
炸馬鈴薯泥（ヂャーマーリンシュニイ）
コロッケ
地瓜天婦羅（ディグアティエンフゥルオ）
サツマイモの天ぷら
わたしもこれ買おうかなー
下酒菜（シアジョウツァイ）
酒のつまみ
ちょっと買うつもりがこんなに山もりになってます
ワタナベさんのおかげでたくさんいい物見つけちゃったからね
どーん
コレなに？わたし買ってないよ
ぴっ…
只有百分之二十五糖份的啤酒（ヂーヨウバイフェンヂアルシーウータンフォンダピージョウ）
糖質75%オフのビールです
糖質75%OFFビール
わたしが飲みまーす
日本って買った物をレジ袋に入れるためのスペースがあるんだ
え？珍しいですか？
台湾ではレジを通った物はレジの横で自分でどんどん袋に入れる
忙しいよ！
ぽんぽん
レジのおばさん
ぐるぐる

そんなこと考えたことなかったね…
ふ〜ん…
ゆっくり入れられていいよー
ワタナベさん近くの公園でさっき買ったおつまみ食べよーよ
いいですよ！
好(ハオ)！
那(ナ) じゃあ
走吧(ゾォウバ)！
行きましょう！
乾杯(ガンベイ)〜
カンパイ〜
日本に旅行に来たらスーパーのタイムサービスでお弁当買って夕ご飯にするのもいいねー
又便宜(ヨウピエンイー)〜又好吃(ヨウハオチー)〜♡
安くて〜おいしい〜♡
好主意(ハオヂュイー)〜
グッドアイデア〜

● 第6話「スーパーマーケット」でおもてなし

chāo shì
超市
チャオシー
スーパーマーケット

カレールー
gā lǐ kuài
咖哩塊
ガーリークアイ

チョコポッキー
qiǎo kè lì bàng
巧克力棒
チアオコォリバン

インスタントラーメン
pào miàn
泡麵
パオミエン

せんべい
Rì běn jiān bǐng
日本煎餅
ルィベンジエンビン

ふりかけ
bàn fàn liào
拌飯料
バンファンリアオ

かりんとう
huā lín táng
花林糖
ホアリンタン

みそ汁
wèi cēng tāng
味噌湯
ウエイツゥンタン

ポテトチップ
shǔ piàn
薯片
シュピエン

お茶漬け
pào fàn
泡飯
パオファン

マヨネーズ
měi nǎi zī
美乃滋
メイナイズー

● 67 ●

chāo shì
超市
チャオシー

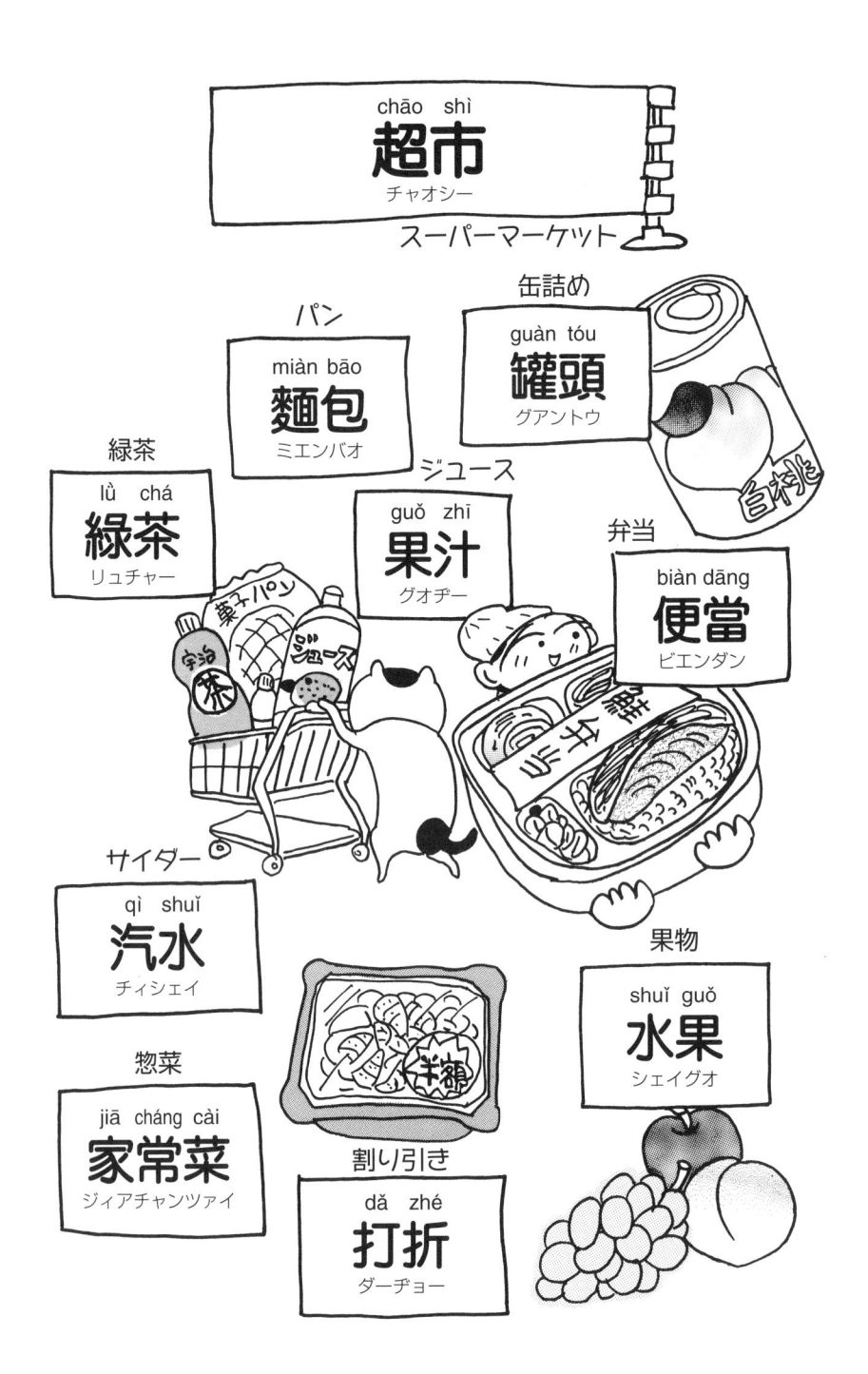

スーパーマーケット

パン
miàn bāo
麵包
ミエンバオ

缶詰め
guàn tóu
罐頭
グアントウ

緑茶
lǜ chá
綠茶
リュチャー

ジュース
guǒ zhī
果汁
グオヂー

弁当
biàn dāng
便當
ビエンダン

サイダー
qì shuǐ
汽水
チィシェイ

果物
shuǐ guǒ
水果
シェイグオ

惣菜
jiā cháng cài
家常菜
ジィアチャンツァイ

割り引き
dǎ zhé
打折
ダーヂョー

第７話「おそば屋さん」でおもてなし

蕎麥麵店 (qiáo mài miàn diàn)
チアオマイミエンティエン

這家的蕎麥麵很好吃
(ヂョージィアダ チアオマイミエン ヘンハオチー)

この店のおそばはおいしいですよ

日本ぽくていい雰囲気のお店だね〜

これはなんのお茶？

蕎麥茶 (チアオマイチャー)

好香啊〜いいかおり〜♡

そば茶です

妳吃過蕎麥麵嗎？
(ニィチーグオ チアオマイミエン マ)

おそば食べたことありますか？

沒有 (メイヨウ)
ない

涼麵(リアンミエン)
有(ヨウ)涼麵(リアンミエン)也有(イエヨウ)湯麵(タンミエン)
冷たい麺と温かい麺があります
湯麵(タンミエン)
ワタナベさんのオススメは？
我喜歡吃(ウオシィホアンチー)涼麵(リアンミエン)叫(ジアオ)「せいろそば」
わたしは冷たいのが好きです「せいろそば」
「せいろそば」って？
どんなの？
只有(ヂーヨウ)蕎麥麵(チアオマイミエン)
おそばだけです
え…？
おそばだけ？具は？
沒有(メイヨウ)
ありません
ジョーダンでしょー
うっそー
ホントです
可以享用(コォイーシアンヨン)蕎麥麵的(チアオマイミエンダ)原味(ユエンウエイ)
おそば本来の味を楽しめます

●第7話「おそば屋さん」でおもてなし

これは台湾の友達が日本のおそば屋さんに行ったときの写真

え……

チャーシュー↓
煮玉子（滷蛋）↓
トリのカラ揚げ↓

これはわたしに言わせればラーメンですね

そば じゃねぇ…

この店のおそばは手打ちです

這家的 蕎麥麵是 手擀的
(ヂョージィアダ チァオマイミエンシー ショウガンダ)

所以 口感 很Q
(スォイー コウガン ヘン Q)

だからコシがあります

手擀 手打ちそば
(ショウガン)

蕎麥麵的 口感 最重要
(チァオマイミエンダ コウガン ズェイヂォンヤオ)

おそばは食感がいちばん大事

じゃあ「せいろそば」食べてみるよ

ちょっと不安だけど…

せいろそば

竹籠蕎麥麵
(ヂューロォンチァオマイミエン)

超シンプルだね…
ホントだ
おそばだけ…
ホントにこれだけ？
それだけです
色が地味だねナマリ色…
ちょっと暗い…
それが日本のわびさびというものです
哇沙米？（ワシャーミー）
ワサビ？
ちがいますわびさびです
先把沾汁倒在醬汁碗裡（シエンバ ヂャンヂー ダオザァイ ジアンヂーワンリ）
まず、つゆをそばつゆの器に入れます
只要沾下一半就可以了（ヂーヤオ ヂャンシアイーバン ジョウコォイーラ）
下半分だけつければいいです
ずずずず〜
邊吸邊吃（ビエンシィ ビエンチー）
吸いながら食べます
つるんっ…

吸いたいけど吸えな～い
なんで吸わなきゃいけないの～
ちょっとむずかしいかな？
蕎麥麵有(チアオマイミエンヨウ)滑溜的(ホアリョウダ)喉感(ホウガン)
おそばは喉ごしを味わいます
くっちゃ
くっちゃ
くちゃ…
え？のどに味覚があるの？
のどを通る感触を味わうの
よくわかんな～い
くちゃ
くちゃ
くちゃ
ずずずずず～
なんでそんなに早く食べられるの？
あまりかんでないからです
ランチはゆっくり食べるものなのに…
こんなに早く食べ終わっちゃってなんだかさみしい…
日本人は「せいろそば」だけで足りるの？
足りなかったらもう一枚追加します
再來(ザァイライ)一份嗎(イーフェンマ)？
もう一人前いりますか？

え？また麺だけ？
そば湯です
はい そうです
なにこれ？
おそばをゆでたあとのお湯です
煮蕎麥麵後留下來的原湯
ヂュ チアオマイ ミエンホウ リョウシア ライ ダ ユエンタン
把原湯倒到醬汁碗裡喝
バ ユエンタン ダオダオ ジアンヂーワンリ ホー
そば湯をそばつゆの器に入れて飲みます
原湯很有營養
ユエンタン ヘン ヨウ インヤン
そば湯はとても栄養があります
怎麼樣？
ゼン モ ヤン
どうですか？
おいしいでしょー
馬馬虎虎
マー マー フゥ フゥ
まあまあ
ちょっともの足りなかったけど…
そば
日本のおそば台湾の友達に写メしとこ
日本そてンギ〜おそばしかなかったのに九百八十円もしました〜
そば
猫のそば
そば処
あ…ワタナベさんあそこにもおそば屋さん
え…？
そば

猫の
そば
このそば屋さんでは立って食べます
這家(ヂョージィア)蕎麥麵店(チアオマイミエンディエン)要站著吃(ヤオヂャンヂョチー)
え？立って食べるの？
疲れない？
大丈夫 食べたらすぐ出ます
なんで日本人はゆっくりランチしないの？
又便宜(ヨウピエンイー)又好吃(ヨウハオチー)
安くておいしいよ
そば
わあ おそばの上にいろんな具がトッピングしてあるよ
これはなに？
炸馬鈴薯泥(ヂャーマリンシュニイ)蕎麥麵(チアオマイミエン)
コロッケそばです
月見
天ぷら
コロッケ
妳要不要吃(ニイヤオブゥヤオチー)？
食べる？
食べたーい
ホントに立って食べるんだね
コロッケそばひとつとおいなりさんひとつねー

できるの早〜い
コロッケそばで〜す
麺只要再燙一下就可以吃了（ミエンヂーヤオ ザァイタン イーシア ジョウコォ イーチーラ）
麺はちょっとお湯に通すだけで食べられます
辛いの好き〜♡
多汁〜♡（ドゥオヂー）
じゅ〜し〜♡
コロッケにつゆがたっぷりしみてておいしいよ〜
台湾の友達に立ち食いそばの写真送ったらすっごく受けたよ〜
立って食べるのが面白いって〜♡
猫のそば
そば処
そば
なんだか立ち食いそばのほうが楽しんでますね…
そうですか…
フクザツ…

● 第7話「おそば屋さん」でおもてなし

蕎麥麵店 (おそば屋さん)
- qiáo チアオ
- mài マイ
- miàn ミエン
- diàn ディエン

天ぷら
tiān fù luó
天婦羅
ティエンフゥルオ

きつね
dòu pí
豆皮
ドウピー

とろろ
shān yào ní
山藥泥
シャンヤオニイ

鴨
yě yā
野鴨
イエヤー

そば
qiáo mài miàn
蕎麥麵
チアオマイミエン

ワサビ
wā shā mǐ
哇沙米
ワシャーミー

きざみねぎ
cōng huā
蔥花
ツォンホア

そば茶
qiáo mài chá
蕎麥茶
チアオマイチャー

竹籠（せいろ・ざる）
zhú lóng
竹籠
ヂューロォン

つけ汁
jiàng zhī
醬汁
ジアンヂー

座布団
zuò diàn
座墊
ズオディエン

そば湯
yuán tāng
原湯
ユエンタン

メニュー

<ruby>菜<rt>cài</rt></ruby><ruby>單<rt>dān</rt></ruby>
ツァイ　ダン

きつねうどん
豆皮烏龍麵 dòu pí wū lóng miàn
ドウピーウーロォンミエン

山かけそば
山藥蕎麥麵 shān yào qiáo mài miàn
シャンヤオチアオマイミエン

なべやきうどん
日式火鍋烏龍麵 Rì shì huǒ guō wū lóng miàn
ルィシーフオグオウーロォンミエン

唐辛子
辣椒粉 là jiāo fěn
ラージアオフェン

カレーうどん
咖哩烏龍麵 gā lǐ wū lóng miàn
ガーリーウーロォンミエン

古gǔぐ
滋zīづ
古gǔぐ
滋zīづ

第8話「デパ地下」でおもてなし

bǎi huò gōng sī dì xià měi shí jiē

百貨公司地下美食街

バイフオゴォンスーディシアメイシージエ

わあ色どりがキレイ〜
這個（ヂョーゴォ）櫃裡（グェイリ）都是（ドウシー）沙拉（シャーラー）
このケースの中は全部サラダです
ぜんぶ？
日本人はそんなにサラダ好き？
ヘルシーですから女性に人気があります
いろいろな種類の野菜を摂りたいときに便利です
ちょっと高価ですが
野菜炒めでいいよ
サラダのほうがワインやお酒のおつまみにもなります
野菜炒めのほうがご飯のおかずになるよー
這是（ヂョーシー）什麼（シェンモ）沙拉（シャーラー）？
これはなんのサラダ？
鮪魚（ウエイユィ）酪梨（ラオリー）沙拉（シャーラー）
マグロとアボカドのサラダです
んっ？
これってマグロのお刺身が入ってるの？
對（ドェイ）
そうです
マグロの刺身とアボカドはよく合います

サラダにナマの魚入れるの？ちょっとブキミ…
ブキミですか…
這個沙拉（チョーゴォ シャーラー）怎麼樣？（ゼン モ ヤン）
このサラダどうですか？
いいね！わたしバジル大好き～♡
さつまいもとくるみのバジル風味サラダ
台湾にはバジル使った料理たくさんあるよー
へェ～中華料理にバジルに使うんですね
這些（ジョーシエ）都是（ドゥオシー）醬菜（ジアンツァイ）
ここは全部お漬け物です
これどんな味？
漬物
京のお漬け物
歐巴桑說（オウ バー サン シュオ）可以嚐嚐看（コォ イー チャンチャンカン）
おばさんが試食できると言ってるよ
ありがとう～
這是（ジョーシー）京都的（ジンドゥダ）醬菜（ジアンツァイ）
これは京都の漬け物
叫（ジアオ）「千枚漬」（チエンメイズー）
「千枚漬け」といいます
これって大根？
上品な味だね～
京のお漬け物
這不是白蘿蔔（ジョーブゥシー バイルオボー）是蕪菁（シー ウー ジン）
これは大根じゃなくて、カブです

這是（ヂョーシー）
米糠醬菜（ミーカン ジアンツァイ）
これはぬか漬けです
ぷ〜ん
へんな臭い〜っ
これはおいしいね
那是（ナーシー）
韓國泡菜（ハングオ パオツァイ）
それはキムチです
なぜか買ったのは…
キムチ…
ワタナベさ〜ん あそこ あそこ
你看（ニイカン）〜♡
見て〜
那個櫃裡（ナーゴォ グエイリ）
都是（ドゥシー）
布丁（ブゥディン）
そのケースの中は全部プリンです
かわいい〜
今天（ジンティエン）
真有（ヂェンヨウ）
眼福（イエンフゥ）〜♡
目の保養〜♡
妳看（ニイカン）〜
見て〜
プリン
這個櫃裡（ヂョーゴォ グエイリ）
都是（ドゥシー）
泡芙（パオフゥ）
このケースの中は全部シュークリーム
わぁ〜♡

●第8話「デパ地下」でおもてなし

可愛得捨不得吃～♡
(コォ アイ ダ ショブ ダ チー)
かわいくて食べるのがもったいな～い♡

芒芒さんすごく元気になってますね…

次にいこー

楽しんでもらえてよかったです

這些都是有機便當
(ジョーシェ ドゥシー ヨウジイビェンダン)
これらはみんなオーガニックのお弁当です

台湾でも今オーガニック流行ってるよ～

用黃豆做的漢堡
(ヨン ホアンドウ ズオ ダ ハンバオ)
大豆のハンバーグです

有機對環保很好
(ヨウ ジイ ドェイ ホアンバオ ヘン ハオ)
オーガニックは地球環境にもいいです

那個櫃裡都是飯糰～
(ナーゴォ グェイリ ドゥシー ファントアン)
あそこのケースの中は全部おにぎりですよ～

芒芒さ～ん

おむすび猫

わぁー たくさん種類があるね～

● 83 ●

ねぇこの白いおにぎりごはんの中に何が入ってるの?

塩だけです

塩(イェン)
只有(ジーヨウ)
叫(ジアオ)
鹽飯糰(イェンファントアン)

塩むすびといいます

塩むすび 120円

え?何も具が入ってないの?そんなの買う人がいるの?

日本人は高級米が好き

日本人喜歡(ルイベンルェンシィホァン)
高級飯(ガオジィファン)
可以嚐得出(コォイーチャンダチュー)
飯的原味(ファンダユエンウェイ)

ご飯本来の味を味わうことができます

日本のおにぎりはシンプルなので素材にこだわります

台湾は具にこだわるよ

●第8話「デパ地下」でおもてなし

妳要
嚐嚐看嗎？
ニィヤオ
チャンチャンカンマ

試してみる？

塩むすび

こ〜ん

そーだね〜
日本人が好きなら
食べてみようかな…

ホントはサケがいいけど…

這裡
沒有地方吃
ジョーリ
メイヨウ ディ ファンチー

ここには食べる
ところは
ありません

さっきの
サラダも買って
ここで食べて
いこうか

そーだ!!

うそ…

こんなに
おいしい物
たくさん
売ってるのに…

じゃあコレ
買った人は
どこで食べるの？

帯回家吃
ダイ ホエイジィアチー

持ち帰って食べます

天むす 鶏屋

可以
到公園去吃
コォイー
ダオ ゴォンユエンチュイチー

公園に行って
食べてもいいですね

買ってすぐに
食べたかったら
どうするの？

む猫
しんみり…

塩むすび
ふたつください

台湾のデパートの
地下街なら
ほとんど食べるところが
あるのに…

みんなと
おしゃべりしながら
食べるのが楽しいんだよ〜

● 85 ●

よかったですね デパートの屋上に テラスガーデンが あって…
でも 人がいないよ…
さみしいね…
芒芒さん これどう？
我給妳（ウオ ゲイ ニイ） 買的（マイ ダ） 酸梅（スアンメイ）
あなたに 梅干しを 買ってきて あげたよ
南高梅
うめ
えっ？
酸梅（スアンメイ）？
梅干し？
一個（イー ゴォ） 五百塊（ウー バイ クアイ）
ひとつ 500円です
うえ…
梅干し 一個で 500円～
味がまろやかで～す
不會很酸（ブゥ ホェイ ヘン スアン）
塩むすびと 梅干しの味が わかれば 日本人の心が 理解できますよ
うまーい
很酸（ヘン スアン）～
すっぱい～
ムリ……
永遠に 日本人の心は わからないと 思う…
プリンが恋しい……

● 第8話「デパ地下」でおもてなし

蛋糕 dàn gāo / ダンガオ — ケーキ

蛋糕卷 dàn gāo juǎn / ダンガオジュエン — ロールケーキ

年輪蛋糕 nián lún dàn gāo / ニエンルンダンガオ — バウムクーヘン

千層蛋糕 qiān céng dàn gāo / チエンツゥンダンガオ — ミルフィーユ

甜甜圏 tián tián quān / ティエンティエンチュエン — ドーナツ

蒙布朗蛋糕 méng bù láng dàn gāo / メンブゥランダンガオ — モンブラン

馬卡龍 mǎ kǎ lóng / アーカロォン — マカロン

巧克力 qiǎo kè lì / チアオコォリー — チョコレート

布丁 bù dīng / ブゥディン — プリン

提拉米蘇 tí lā mǐ sū / ティラミースゥ — ティラミス

おにぎり

飯 fàn ファン　**糰** tuán トアン

昆布
kūn bù
昆布
グゥンブゥ

天むす
zhà xiā
炸蝦
ジャーシア

イクラ
guī yú zǐ
鮭魚子
グェイユィズ

栗おこわ
lì zǐ nuò mǐ
栗子糯米
リーズヌオミー

五目
shí jǐn
什錦
シージン

サケ
guī yú
鮭魚
グェイユィ

タラコ
xuě yú zǐ
鱈魚子
シュエユィズ

ゆかり
zǐ sū méi
紫蘇梅
ズースゥメイ

赤飯
hóng dòu fàn
紅豆飯
ホォンドウファン

88

第9話「居酒屋」でおもてなし

居酒屋 jū jiǔ wū
ジュジョウウー

請(チンヨン)用 濕(シーショウジン)手巾
どうぞおしぼりです
サービスいいね

台湾にも日本の居酒屋さんあるけどやっぱり本場は違うねー

何が違います？

ネクタイにサラリーマンが多いよ

それにみんないっぱいお酒飲んでる

居酒屋に来るのはサラリーマンが多いです

來(ライジュ)居酒屋(ジョウウーダ)的
上班族(シャンバンズゥ)
比較多(ビージアオドゥオ)

他們來(ターメンライ)
喝酒(ホージョウ)
輕鬆一下(チンソォンイーシア)

彼らは息抜きをしにお酒を飲みにきます

台湾人は飲むより居酒屋の料理が好きだよ♡

じゃ台湾人のお客様をおもてなしするなら飲み放題じゃないほうがいいですね

え？
飲み放題？

喝到飽(ホーダオバオ)？

●第9話「居酒屋」でおもてなし

枝豆はたくさんのビタミンB群を含んでいます
毛豆含有（マオドウ ハン ヨウ）很多（ヘン ドゥオ）維他命（ウエイターミン）B群（チュン）
吃了毛豆（チーラ マオドウ）以後（イー ホウ）不容易（ブゥルゥオンイー）宿醉（スゥズェイ）
枝豆を食べると二日酔いになりにくいよ
我在居酒屋（ウオザァイジュジョウウー）喝酒（ホージョウ）一定要點（イーディンヤオディエン）毛豆（マオドウ）
私は居酒屋さんでは必ず枝豆を注文します
毛豆（マオドウ）又便宜（ヨウビエンイー）又好吃（ヨウハオチー）
枝豆は安くておいしいです
なるほどね〜
妳想（ニイ シアン）點什麼？（ディエンシェンモ）
何を注文しますか？
居酒屋さんといえばコレだよねー
那 じゃあ
生魚片（ションユィ ピエン）拼盤吧（ピン パン バ）
お刺身の盛り合わせにしましょう
お刺身
海鮮
おすすめ
盛り合わせ
これもどう？
手工現做（ショウゴォンシエンズオ）的豆腐（ダ ドウ フゥ）
手作りできたて豆腐
ただのお豆腐？
20分前にご注文ください
おすすめ
手作り豆腐

作りたてだから温かくてとろとろです
私のオススメ
じゃあそれにする
還要什麼？（ハイヤオ シェンモ）
あとは何にする？
烤雞串（カオジィチョアン）
焼きとり
焼き鳥
烤雞串有（カオジィチョアンヨウ）
雞肉（ジィルゥオ）
雞軟骨（ジィルゥワングゥ）
雞肉丸（ジィルゥオワン）
ヤキトリにはトリ肉ナンコツツクネがあります
還有（ハイヨウ）「ねぎま」
あとは「ねぎま」
「ねぎま」って？
雞肉跟雞肉的中間有葱（ジィルゥオゲンジィルゥオダ ヂョォンジエンヨウツォン）
とり肉ととり肉の間にネギがあります
全部一本ずつですねー
台湾の人は台湾食べ放題の居酒屋さんで何を飲むの？
食べ放題ならウーロン茶かコーヒーかな
え…？居酒屋さんでウーロン茶やコーヒー飲むの？
それなら飲み放題だからね～
ビールなんか飲んだら料理が食べられなくなるよー
それは相当台湾風の居酒屋さんだね
いや…それはもう居酒屋といわないよ…
へえー日本にはないんだー台湾人は食べ放題大好きだよー

わあー来たあ〜っ♡
沾哇沙米吃（チャン ワ シャーミー チー）
わさび使って食べて
これは何？この白いの
這是「ツマ」白蘿蔔絲（チョーシー バイルオボ スー）
これは「ツマ」です 大根の細切り
生魚片的配角（ションユィピエンダ ペイジアオ）
お刺身の脇役
可以吃嗎？（コォイーチーマ）
食べられるの？
當然可以吃（ダンルァンコォイーチー）
もちろん食べられます
妳想喝什麼？（ニイシアンホー シェンモ）
なに飲みますか？
日本清酒（ルイベンチンジョウ）
日本酒
冷的還是溫的？（レンダ ハイシー ウエンダ）
冷にしますか それとも温かいの？
冷的比較香醇（レンダ ビージアオシアンチュン）
冷たいほうが香りがいいよ
那冷酒吧（ナー レンジョウバ）
じゃあ冷たいのにする

ホントだ 香りがいいね～♡
焼きとり おまち～
ワタナベさん 何を頼んだの？
烤香菇(カオシアングゥ)跟(ゲン)烤葱(カオツォン)
シイタケ焼きと ネギ焼きです
わたしは このネギ焼きが 大好きです ネギは焼くと 甘～くなるんですよ
ふ～ん ワタナベさん すごくヘルシー
日本人にしか わかんねーかなー
豆腐(ドウフ)來了(ライラ)～
豆腐が きました～
熱呼呼(ルオフウフウ)
ほっかほか で～す
ホントだ 作りたてだね
先撒(シエンサー)鹽吃(イエンチー)
先に塩をふって 食べてみて
可以吃出(コォイーチーチュー)豆腐的原味(ドウフゥダユエンウエイ)
豆腐本来の味が 味わえます
やわらくて とろとろ～

來了（ライラ）～
きた～
天ぷら～
煮鰈魚（ヂュディエユィ）～
カレイの煮つけ～
ぱくぱく
もぐもぐ
エビプリプリ～
おまち～
やっぱり飲むよりよく食べますね…
酒も料理も満足した～♡
酒足菜飽（ジョウズゥツァイバオ）～♡
満足してもらってよかったです
漬け物↓
ワタナベさん今度来たときはあそこの席にすわりたいな
吧台（バータイ）？
カウンター？
好啊（ハオア）！
いいよ！
那下次再來吧（ナーシアツーザァイライバ）～
じゃあまた来ましょう～
わ～いカウンター席楽しみ～♡
帥（ショアイ）
帥（ショアイ）
帥（ショアイ）
猫七
カッコイイ～♡
そんなにカウンター席が珍しいですか…
居酒屋猫七

● 第9話「居酒屋」でおもてなし

下酒菜
xià jiǔ cài
シアジョウツァイ

酒のつまみ

※「蚵仔」(カキ)は台湾では台湾語で発音するのでピンインはありません。「炸蚵仔」のカタカナ読みは、台湾語の読み方でふっています

カキフライ
※ 炸蚵仔
ヂイオア

厚揚げ
zhà dòu fǔ
炸豆腐
ヂャードウフゥ

シシャモ
liǔ yè yú
柳葉魚
リョウイエユィ

冷やっこ
liáng dòu fǔ
涼豆腐
リアンドウフゥ

ポテトサラダ
mǎ líng shǔ shā lā
馬鈴薯沙拉
マーリンシューシャーラー

卵焼き
yù zǐ shāo
玉子燒
ユィズシャオ

サンマの塩焼き
kǎo qiū dāo yú
烤秋刀魚
カオチョウダオユィ

イカ焼き
kǎo wū zéi
烤烏賊
カオウーゼイ

お漬物
jiàng cài
醬菜
ジアンツァイ

焼きおにぎり
kǎo fàn tuán
烤飯糰
カオファントアン

ホッケ焼き
kǎo huā jì yú
烤花鯽魚
カオホアジュィユィ

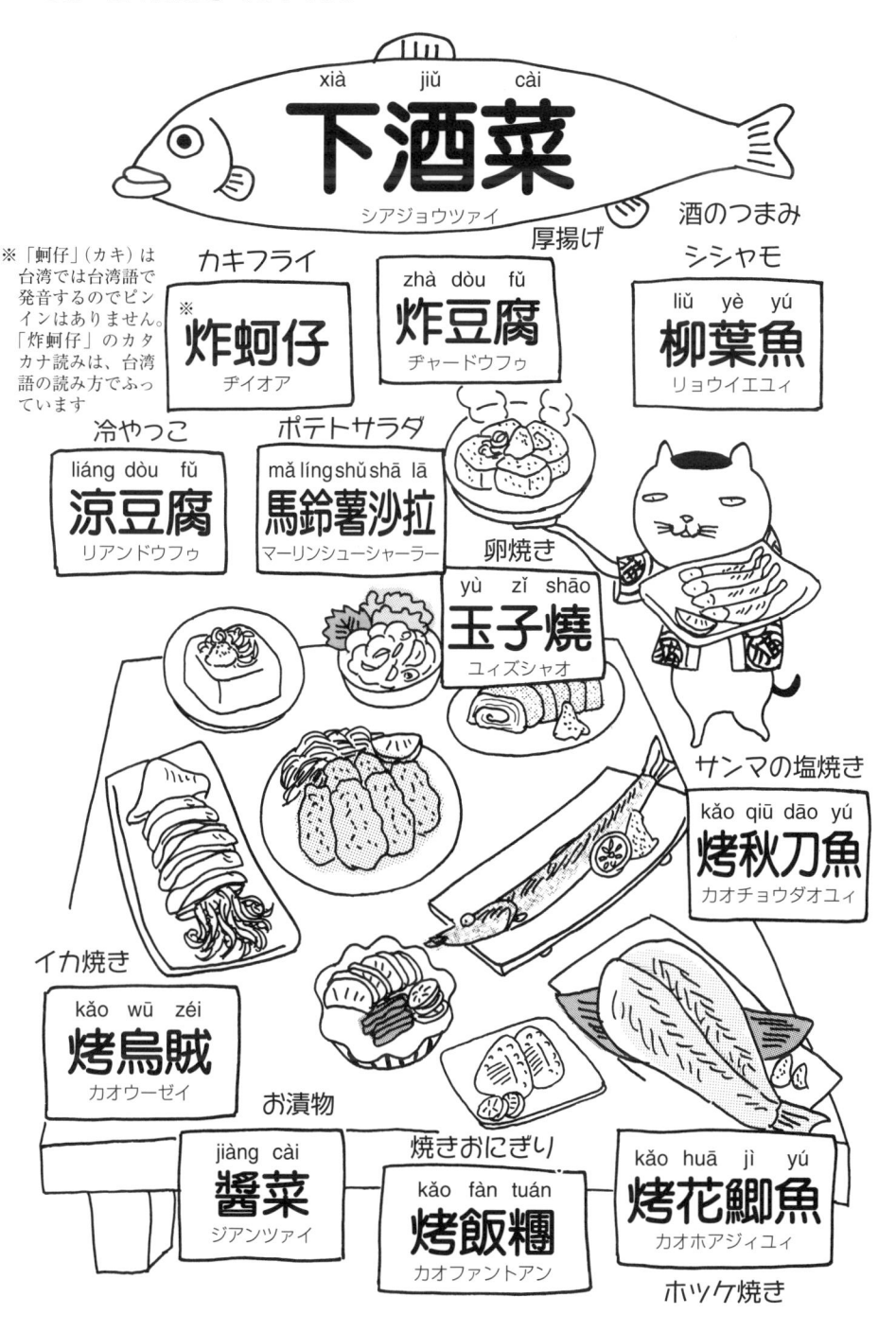

● 97 ●

酒

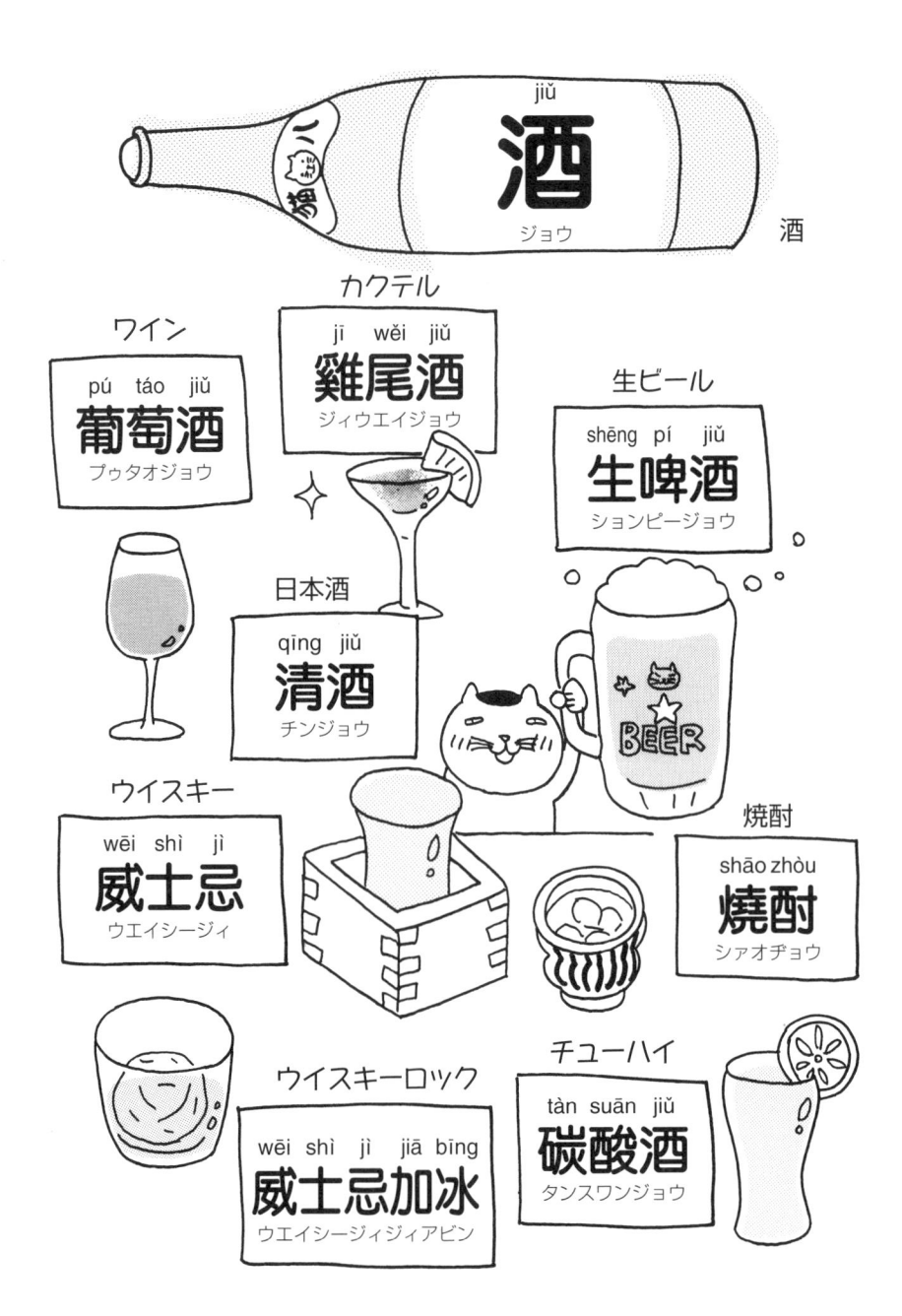

jiǔ
酒
ジョウ

ワイン
pú táo jiǔ
葡萄酒
プゥタオジョウ

カクテル
jī wěi jiǔ
雞尾酒
ジィウエイジョウ

生ビール
shēng pí jiǔ
生啤酒
ションピージョウ

日本酒
qīng jiǔ
清酒
チンジョウ

ウイスキー
wēi shì jì
威士忌
ウエイシージィ

焼酎
shāo zhòu
燒酎
シァオヂョウ

ウイスキーロック
wēi shì jì jiā bīng
威士忌加冰
ウエイシージィジィアビン

チューハイ
tàn suān jiǔ
碳酸酒
タンスワンジョウ

第10話「ラーメン」でおもてなし

拉麺 lā miàn
ラーミエン

日本に来たら絶対に「拉麺」食べたいと思ってたのー

「拉麺」？
ラーメン？

台湾にもおいしい麺料理があるじゃない

わたしは台湾の「台南擔仔麺」タイナンダンズーミエンが好き

小さいお碗に入ってるからおやつ感覚で気軽に食べられます

トッピングの「滷蛋（煮玉子）」ルゥダンが大好き♡

日本のラーメンは別もの「日式拉麺」ルイシーラーミエンといって人気だよ

そういえば台湾では「拉麺」は麺のことですよね

中国語で「拉」は引っぱる「麺」は小麦粉のこと

小麦粉を引っぱるとラーメン「拉麺」になるよ

だからスープ麺のことは「湯麺」というよ

『拉麺』とはいわない

あの〜芒芒さん 日本の伝統的なラーメンに興味ありますか？

食べてみた〜い

這家店有古早味的日式拉麺

この店には昔ながらの味の日本のラーメンがあります

こんにちは〜

ここはわたしが子供の頃からよく来ています

ガラ…

何がオススメ？

ワンタン

タンメン

和風醬油拉麺

和風しょう油ラーメン

しょう油？
いいね！超日本っぽいよ
在臺灣（ザァイタイワン）一定吃不到（イーディンチーブゥダオ）
台湾では絶対食べられませんよ
值得一吃（ヂーダイーチー）
食べる価値があるよ
たしかに台湾で日本のラーメンといえば味噌かとんこつだからね
それにするよー
ショウユふたつ
也點煎餃吧（イエディエンジエンジアオバ）
焼き餃子も注文しましょう
ビール(中) 500円
ギョーザ 350円
え？なんで「煎餃（ジエンジアオ）」？
日本人（ルイベンルエン）吃拉麵時（チーラーミエンシー）喜歡配（シィホアンペイ）煎餃吃（ジエンジアオチー）
日本人はラーメンを食べるときに焼き餃子を添えて食べるのが好きです
ホント？へんなの〜っ

台湾じゃ ありえない 組合せだねー
ラーメンと ギョウザじゃ 主食と主食だもん
炭水化物に 炭水化物に
おかずちょっぴり
おかずちょっぴり
でも その組合せに 挑戦してみるよ
日本の文化に ふれてみる～
しょう油ラーメン ふたつと 餃子一人前ね～
和風しょう油ラーメン
日式和風（ルィシーホーフォン）
醬油拉麵（ジアンヨウラーミエン）
看起來（カンチィライ）
很素（ヘンスゥ）
見た感じは シンプル～
ワタナベさん これは何？
ピンクの ぐるぐるが かわいいけど
日文叫（ルィウンジアオ）
「なると巻き」
日本語でいうと 「なると巻き」
用魚泥漿（ヨンユィニイジアン）
做的（ズオダ）
魚のすり身で 作っています

スープがさっぱりしてるね
湯頭(タントウ)很清淡(ヘンチンダン)
だから麺は細麺を使っています
所以麺(スオイーミエン)要用細麵(ヤオヨンシィミエン)
脂肪が少なくてすっごくヘルシーなラーメンだねー
スープはカツオと煮干しと昆布で作ってます
湯頭是用(タントウシーヨン)柴魚(チャイユィ) 魚乾(ユイガン)昆布做的(クゥンブゥズオダ)
ラーメンの食べ方
拉麵的吃法(ラーミエンダチーファ)
把麵條(バミエンティアオ)吸進嘴裡(シィジンズェイリ)
麺をすすって食べます
ずずずずずー
しん…
…
やっぱりすすれない…
ムリしてすすらなくてもいいですよー
焼き餃子がきました～
煎餃(ジエンジアオ)來了(ライラ)～
この組合せで食べるのはじめてーっ
沾醬油(ヂャンジアンヨウ)辣油(ラーヨウ) 醋吃(ツゥチー)
しょう油とラー油と酢をつけて食べます

皮感（ピーガン）酥脆（スゥツェイ）
皮がぱりぱりです
パリ
パリッ
日本の餃子は皮がうすいからラーメンとも合うね
ごちそ～さまー
和風のヘルシーラーメンおいしかったよー
最初の店がここでよかったー
え？最初の店って？
次は北海道ラーメン食べにいこーっ
ラーメンのハシゴ…マジ？
北海道といえば味噌ラーメンだねー
正確には札幌ですが…
ぱた…
我們（ウォメン）進去吧（ジンチュイバ）
入りましょう
札幌ラーメン
どさんこ
らーめん
天然だし無添加
只有（ヂーヨウ）櫃檯（グェイタイ）
カウンターだけです
日本のラーメン屋さんはカウンターだけの店が多いね

一人で カベに向かって もくもくと 食べて楽しい？
カベに向かって 食べると 集中できます
え〜っ 食事は友達と おしゃべり しながら 食べるのが おいしいんだよ
おしゃべり してたら 麺がのびちゃい ます
お客さん これいかが？
当店オススメ 味噌バター コーン らーめん
看板メニューは味噌バターコーンラーメンだって
味噌奶油（ウエイツゥンナイヨウ）玉米拉麺（ユィミーラーミエン）是（シー）招牌麵（ヂャオパイミエン）
じゃあ それにする〜
奶油（ナイヨウ）好大啊（ハオダア）！
バターが大きい！
高湯（ガオタン）濃厚（ノォンホウ）〜
スープが濃厚〜
粗麵（ツゥミエン）
太麺だね
湯（タン）很（ヘン）濃厚（ノォンホウ）所以（スオイー）用（ヨン）粗麵（ツゥミエン）比較（ビージアオ）好（ハオ）
濃厚なスープには太麺が合います

麺(ミエン)很(ヘン)有(ヨウ)嚼勁(ジアオジン)～
この麺歯ごたえあるね～
おいしい
ワタナベさんヘルシーだね…
ミニやさいラーメン
さっき食べましたからね
ずずず～
日本のスープはコクがあっておいしいけど飲むには少ししょっぱいね
塩分が多いので残してください
え…もったいない…
老闆(ラオバン)～
マスター
これにお湯足してくださ～い
え…？
ちょーどよくなったー
スープがいちばん栄養あるのに残したらもったいないよ～
ごもっともな意見
わたしもお湯足してもらおうかな…

● 第10話「ラーメン」でおもてなし

拉 lā ラー
麺 miàn ミエン
ラーメン

菜單 cài dān ツァイダン　メニュー

しょう油ラーメン
醬油拉麺 jiàng yóu lā miàn
ジアンヨウラーミエン

とんこつラーメン
豬骨拉麺 zhū gǔ lā miàn
ヂュグゥラーミエン

チャーシューメン
叉燒拉麺 chā shāo lā miàn
チャーシァオラーミエン

塩ラーメン
鹽拉麺 yán lā miàn
イエンラーミエン

ネギラーメン
蔥拉麺 cōng lā miàn
ツォンラーミエン

野菜ラーメン
蔬菜拉麺 shū cài lā miàn
シューツァイラーミエン

みそラーメン
味噌拉麺 wèi cēng lā miàn
ウエイツゥンラーミエン

つけめん
沾麺 zhān miàn
ヂャンミエン

焼きギョウザ
煎餃 jiān jiǎo
ジエンジアオ

カウンター
櫃檯 guì tái
グェイタイ

日本のしょう油ラーメン

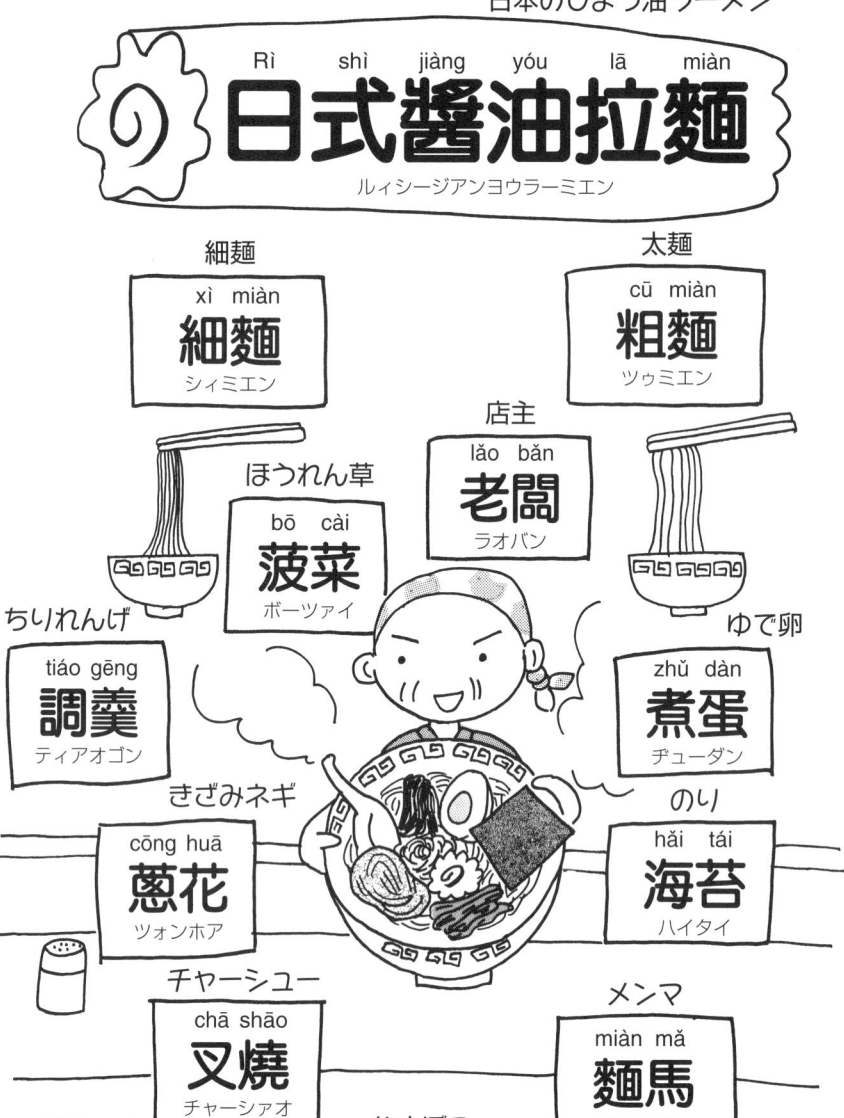

日式醬油拉麵
Rì shì jiàng yóu lā miàn
ルィシージアンヨウラーミエン

細麺
xì miàn
細麵
シィミエン

太麺
cū miàn
粗麵
ツゥミエン

ほうれん草
bō cài
菠菜
ボーツァイ

店主
lǎo bǎn
老闆
ラオバン

ちりれんげ
tiáo gēng
調羹
ティアオゴン

ゆで卵
zhǔ dàn
煮蛋
ヂューダン

きざみネギ
cōng huā
蔥花
ツォンホア

のり
hǎi tái
海苔
ハイタイ

チャーシュー
chā shāo
叉燒
チャーシァオ

メンマ
miàn mǎ
麵馬
ミエンマー

コショウ
hū jiāo
胡椒
フゥジアオ

かまぼこ
yú bǎn
魚板
ユィバン

第11話 「温泉」でおもてなし

wēn quán
温泉
ウエンチュエン

對不起～
ドェイブゥチィ

我遲到了～
ウォチーダオラ

ごめ〜ん

遅刻した〜

あ！芒芒さん よかったー 間に合ってー

她叫 芒芒
ターシ゛アオ マンマン

彼女は芒芒です

そうです

今日一緒に温泉に行くって言ってた女のコだねー

她是 我朋友
ターシー ウォペェンヨウ

她叫 鈴木花
ターシ゛アオ リンムゥホア

妳好
ニィハオ

彼女は鈴木花さん

こんにちは

彼女は私の友達です

● 109 ●

りんちゃんと呼んでねー
はーい りんちゃ〜ん
特急列車に乗りますよ
ジョーシー ニイダ ドェイハオ チョーピアオ
這是妳的對號車票
これがあなたの指定席券です
ありがと〜
ジンティエン ウオメンチュイ マオグゥ ウエンチュエン
今天我們去「貓谷温泉」
今日は「猫谷温泉」に行きます
わ〜っ楽しみ〜♡
ごー
ズオバーシーチュイ ダーガイアルシーフェン ジョウコォイーダオ
坐巴士去大概二十分就可以到
バスに乗って約20分で着きます
バスのりば 温泉
のりば おんせん バス
ダオラ
到了
着きました
ぶー
わーっ温泉街だー
元祖温泉まんじゅう
まんじゅう
ウオメンヂュダ ウエンチュエンリュグアン ジョウザァイチエンメン
我們住的温泉旅館就在前面
私たちが泊まる旅館はそこです

猫やな
こんにちは
和風でステキ～♡
猫足の間
這間是(ヂョージエンシー)妳們的(ニィメンダ)房間(ファンジエン)
ここがあなたたちの部屋です
わーっ
榻榻米(ターターミー)～
たたみ～
ワタナベさんは？
隔壁(ゴォビー)
となり
わあ！温泉街が見渡せる～
我剛才買的(ウオガンツァイマイダ)温泉(ウエンチュエン)豆沙包(ドウシャーバオ)
さっき買った温泉まんじゅうです
一起吃(イーチィチー)～吧(バ)
一緒に食べましょう
おいしい～♡
我們去(ウオメンチュイ)泡温泉吧(パオウエンチュエンバ)
温泉に入りに行こうよ
そのあと食事にしましょう

先換浴衣（シエンホアンユイイー）
先に浴衣に着替えるよ
じゃあねー わたしも温泉に入ってきまーす
あの～ りんちゃん 水着はここで貸してくれるのかな？
わたし持ってこなかったけど……
え？ 水着はいらないよ
いらない…
だから安心してー
安心できないよ…
走吧（ゾウバ）！
行こう！
ウワサには聞いてたけど ホントに ハダカで 入るんだ…
え？ りんちゃん わたしどこか ヘン？
みんなみてるよ…
じろ じろ じろ じろ
え？
あ！
浴衣的（ユイイーダ）領子（リンズ）反了（ファンラ）
浴衣の襟が逆だよ
それじゃ死んだ人になっちゃうよ～
あ… そうだっけ …

こっちだよ
這邊（ジョービエン）
わぁ
男 湯
女 湯
これって華語で男湯（ナンタン）（男のスープ）女湯（ニュタン）（女のスープ）って意味だぁ〜コワーイ
ごめーん忘れものしたー
芭芭先に入っててー
ガラガラ
たしかにダシが出そう…
だけどみんな一緒にハダカでおフロに入るなんてヘンな習慣だね〜
おそるおそる…
私慣れないよ〜
我沒辦法（ウォメイバンファ）習慣（シィグアン）〜
妳是（ニイシー）臺灣人（タイワンルエン）嗎（マ）？
あんた台湾人？
おばあちゃん華語できるの？
わたしのツレが台湾人なんだよ
ほっほっほっ
入っていいの？
等一下（ドンイーシア）！
ちょっと待って！
泡以前先用（パオイーチエンシエンヨン）溫泉水（ウエンチュエンシェイ）淋一下身體（リンイーシアシェンディ）
浸かる前に温泉のお湯を浴びるのさ
コレ？

讓身體(ルァンシェンディ)適應一下(シーインイーシア)溫泉水(ウェンチュェンシェイ)
体を温泉に慣らすんだよ
ざーっ
慢慢地(マンマンディ)泡入(パオルゥ)浴池裡(ユィチーリ)
ゆっくり湯船に入って
ちょっと熱いね…
でも入ると気持ちいいね～
這裡的(ジョーリダ)溫泉(ウェンチュェン)能消除疲勞(ノンシアオチューピーラオ)
この温泉は疲労回復にいいんだよ
美人の湯
對肌膚(ドェイジィフゥ)也很好(イエヘンハオ)
美肌にもいいよ
所以叫(スオイージアオ)美人之湯(メイルェンヂータン)
だから美人の湯っていうの
わぁ～ ♡
泡溫泉時(パオウェンチュェンシー)要數到一百(ヤオシュダオイーバイ)
温泉に浸かったら100まで数える
一(イー)～二(アル)～三(サン)～四(スー)～…
1～2～3～4～…
それまでずーっと浸かってるの?
ぜぜ～
妳怎麼了(ニイゼンモラ)～?
どうしたの?
暈池(ユンチー)～～～
のぼせた～

長く浸かったらだめだよ〜
泡太久不行（パオ タイ ジョウ ブゥ シン）
のぼせるよ〜
會暈池〜（ホェイユン チー）
だってばあちゃんが100数えろって…
泡五六分就夠了（パオウ リョウフェン ジョウゴウラ）
5、6分浸かれば十分だよ
ちょっと休んでてねー
妳休息一下吧（ニィ ショウシィイーシアバ）
我去泡一下（ウオチュイ パオイーシア）
私ちょっと浸かってきます
わかった〜
肉球の間
やっぱり女の人は長風呂だね…
もうとっくに食事の用意できてるのに…
ガラ・・・
お待たせ〜
料理準備好了〜（リアオリ ヂュンベイハオラ）
料理の準備ができてますよ〜
温泉どうだった?
芒芒暈池了〜（マンマン ユンチーラ）
芒芒がのぼせたの〜
しゅぽっ…
她泡得太久了（ターパオダ タイジョウラ）
彼女長く浸かりすぎ

没問題嗎?
メイウェンティマ
え?ホント?

大丈夫ですか?
もう大丈夫〜のどがかわいた〜

じゃあビールでカンパイしましょう

泡温泉後的啤酒最好喝!
パオウェンチュエン ホウダ ピージョウ ズェイハオホー

温泉に浸かったあとのビールは最高です!

トントン

ちょっと待って!

等一下!
ドンイーシャ

おフロからあがった後すぐにビールは体によくないよ!

誰?

あ...

おばあちゃん...

先喝牛奶比較好!
シェンホー ニォウナイ ビージアオハオ

先に牛乳飲んだほうがいいよ!

フルーツ牛乳

乾杯〜
ガンベイ
カンパイ〜

な...なんでばあちゃんがいる...

牛乳

116

● 第11話「温泉」でおもてなし

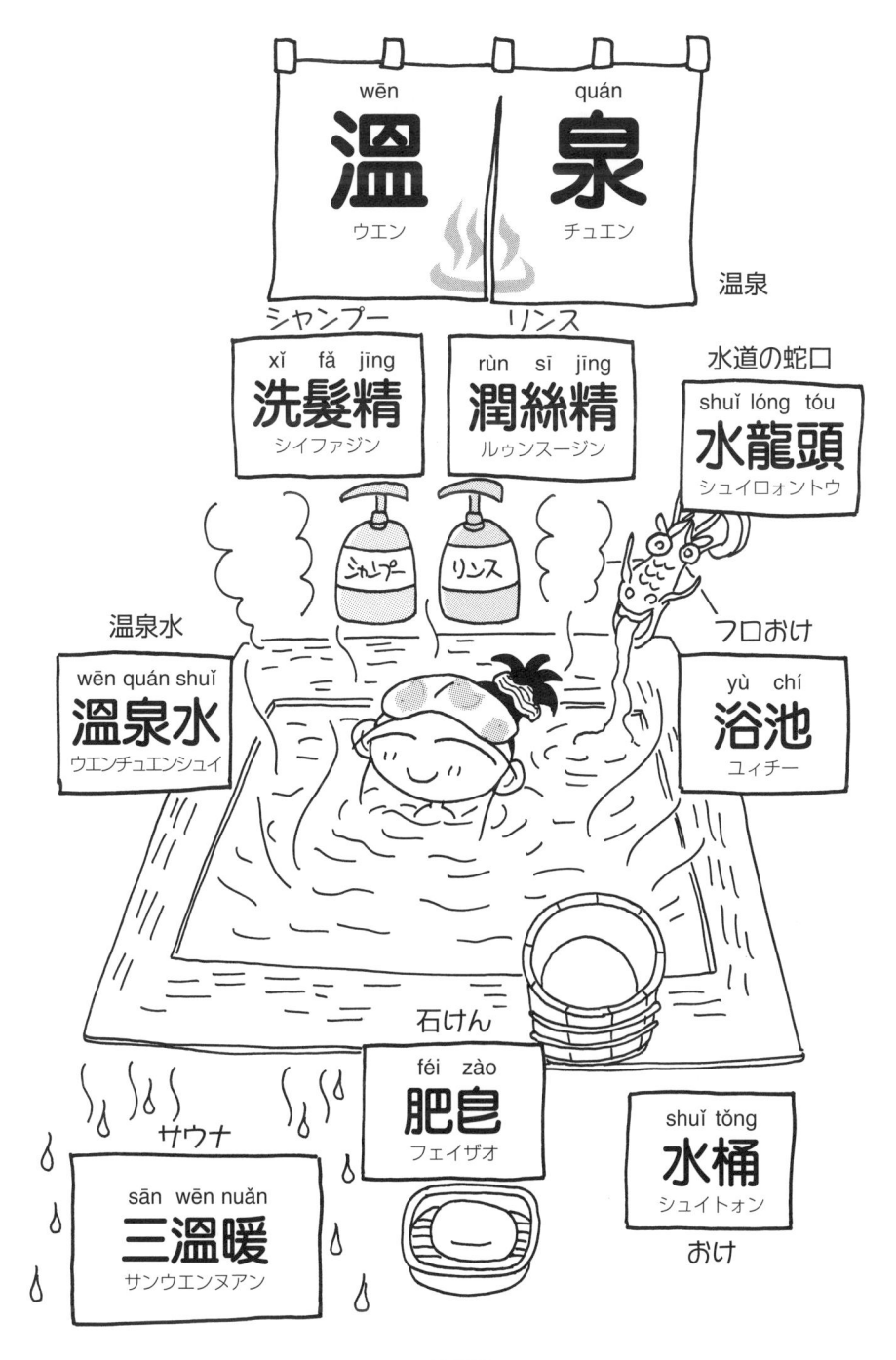

温泉

中文	ピンイン	カナ	日本語
温泉	wēn quán	ウエン チュエン	温泉
洗髮精	xǐ fǎ jīng	シイファジン	シャンプー
潤絲精	rùn sī jīng	ルゥンスージン	リンス
水龍頭	shuǐ lóng tóu	シュイロォントウ	水道の蛇口
溫泉水	wēn quán shuǐ	ウエンチュエンシュイ	温泉水
浴池	yù chí	ユィチー	フロおけ
肥皂	féi zào	フェイザオ	石けん
水桶	shuǐ tǒng	シュイトォン	おけ
三溫暖	sān wēn nuǎn	サンウエンヌアン	サウナ

溫泉旅館的早餐

wēn quán lǚ guǎn de zǎo cān

ウエンチュエンリュグアンダザオツァン

温泉旅館の朝食

温泉卵
溫泉蛋 wēn quán dàn
ウエンチュエンダン

漬物
醬菜 jiàng cài
ジアンツァイ

湯豆腐
湯豆腐 tāng dòu fǔ
タンドウフゥ

みそ汁
味噌湯 wèi cēng tāng
ウエイツゥンタン

焼き魚
烤魚 kǎo yú
カオユィ

のり
海苔 hǎi tái
ハイタイ

卵焼き
玉子燒 yù zǐ shāo
ユィズシァオ

ごはん
白飯 bái fàn
バイファン

はし
筷子 kuài zi
クアイズ

第12話「おでん」でおもてなし

Guāndōng zhǔ
關東煮(黑輪)
グアンドォンヂュー　(オーレン)

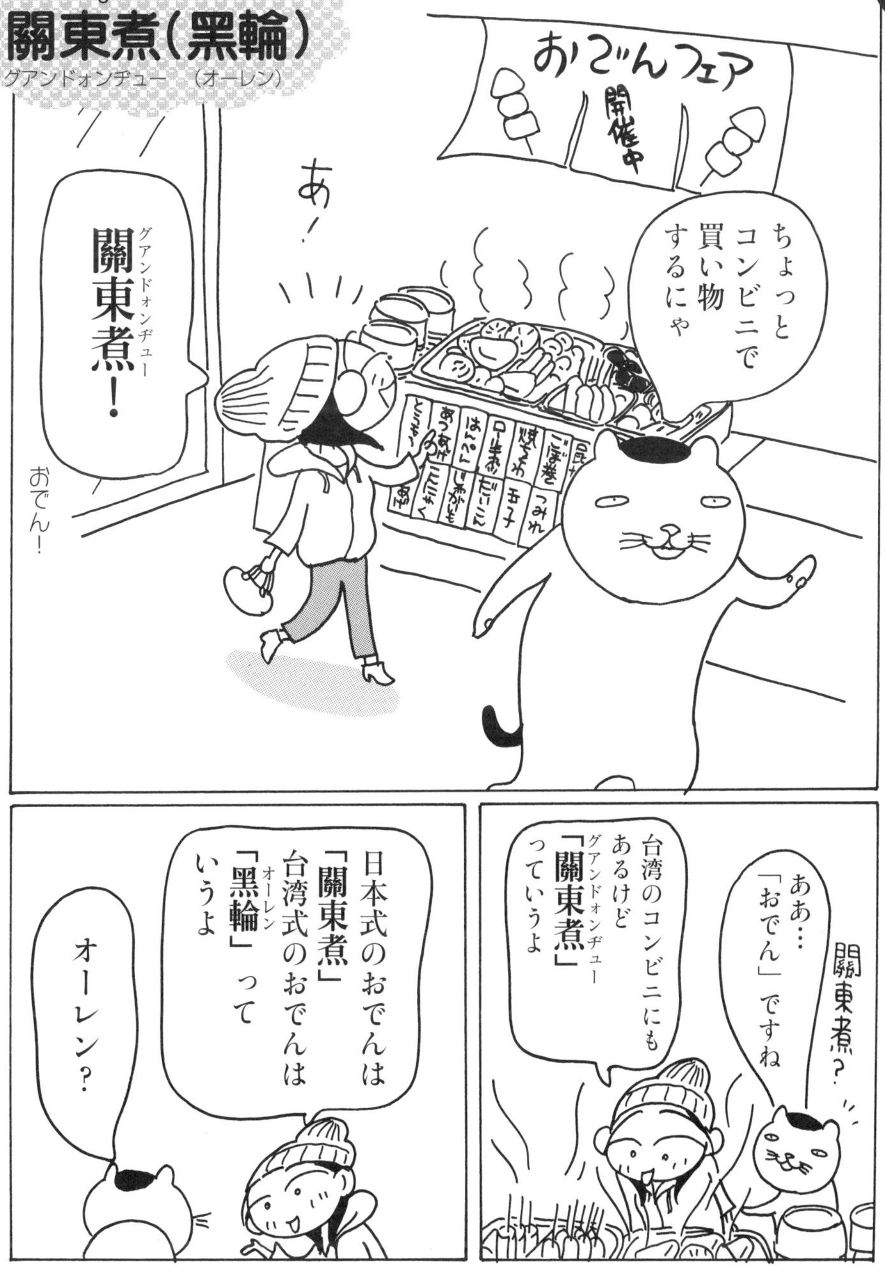

臺灣黑輪
短竹籤 2元
長竹 5元
「黑輪（オーレン）」は台湾語
「關東煮」に似てるけど具が台湾風で「關東煮」より安い屋台の店が多いよ
オーレン オレン オデン…
おでん
日本統治時代の日本の「おでん」が台湾語の「オーレン」になったんだね…
そーか たぶん
日本のおでん食べてみたいなー
あれ
好（ハオ）！
今天的晚飯（ジンティエンダワンファン）我們去吃（ウオメンチュイチー）關東煮吧（グアンドォンヂュバ）！
わかりました！
今日の夕飯はおでんを食べに行きましょう！
え…夕飯？おでんっておやつじゃないの？
ちゃんとしたおでん専門店に行きます
走吧（ゾォウバ）！
行きましょう！

到了
ダオ ラ
着きました
おでん
わあー日本の雰囲気〜
我們去坐櫃檯吧！
ウオ メン チュイズオ グェイタイバ
カウンターに座りましょう
種類很多〜
ヂョンレイ ヘン ドゥオ
種類がたくさん〜
ワタナベさんのオススメはなに？
我喜歡吃白蘿蔔
ウオ シィ ホアンチー バイルオボー
私は大根が好きです
「黑輪」的主角是白蘿蔔
オーレン ダ ヂュジアオシー バイルオボー
「おでん」の主役は大根です
竹輪昆布我也喜歡吃
ヂュールン グゥンブゥウオイエ シィ ホアンチー
ちくわこんぶも好き
あとは…
沽滋 ぐつ
沽滋 ぐつ
還有清酒
ハイ ヨウ チン ジョウ
あとは日本酒

これはいかが？
おでん
おでん
老闆說要吃豆腐福袋嗎？
店主が「巾着どうですか？」って言ってるよ
いいよ試してみる～っ
これは？
それもかわいい～っ
那是小章魚呦
あれはイイダコですよ
あ…そう
じゃイカにする
＊回転寿司参照
來了～
きた～
この大根
じゅ～し～っ♡
多汁～♡
ね……
中まで味がよくしみてるでしょう
喝點清酒吧
日本酒を少しどうぞ

●第12話「おでん」でおもてなし

からいのは好きだけどこれはつけないほうがおいしいよ／唐辛子は好きなのにカラシはダメですか	あれはなに？／那是「半片」ナーシー バンピェン／あれは「はんぺん」です
用魚泥和山藥做的 ヨンユィニィハン シャンヤオズォダ／魚のすり身と山イモで作ります	妳嚐嚐看吧！ニィチャンチャンカンバ／ちょっと試してみたら！／うん	口感有點怪怪的〜 コウガン ヨウディエングァイグァイダ／食感がフシギ〜／甘くないマシュマロみた〜い
還要點什麼？ハイヤオディエンシェンモ／あとは何を注文する？／う〜ん…	あれはなに？／油炸豆腐圓 ヨウヂャー ドウフ ユエン／がんもどき／おいしいよ〜	

●第12話「おでん」でおもてなし

老闆(ラオバン)加湯(ジィアタン)〜
おやじさん スープ足して〜
え… スープおかわり ですか？
スープが いちばん 栄養あるよ
ぜいたく…
確かに おでんのスープは うまみの宝庫
妳(ニイ)多吃點吧(ドゥオチーディエンバ)
たくさん食べて くださいね
じゃあ
這個(ヂョーゴォ)這個(ヂョーゴォ)這個(ヂョーゴォ)還有(ハイヨウ)那個(ナーゴォ)
これと これと ここれと あとは あれ
妳(ニイ)慢慢吃吧(マンマンチーバ)
ゆっくり召し上がって くださいね
どっさり

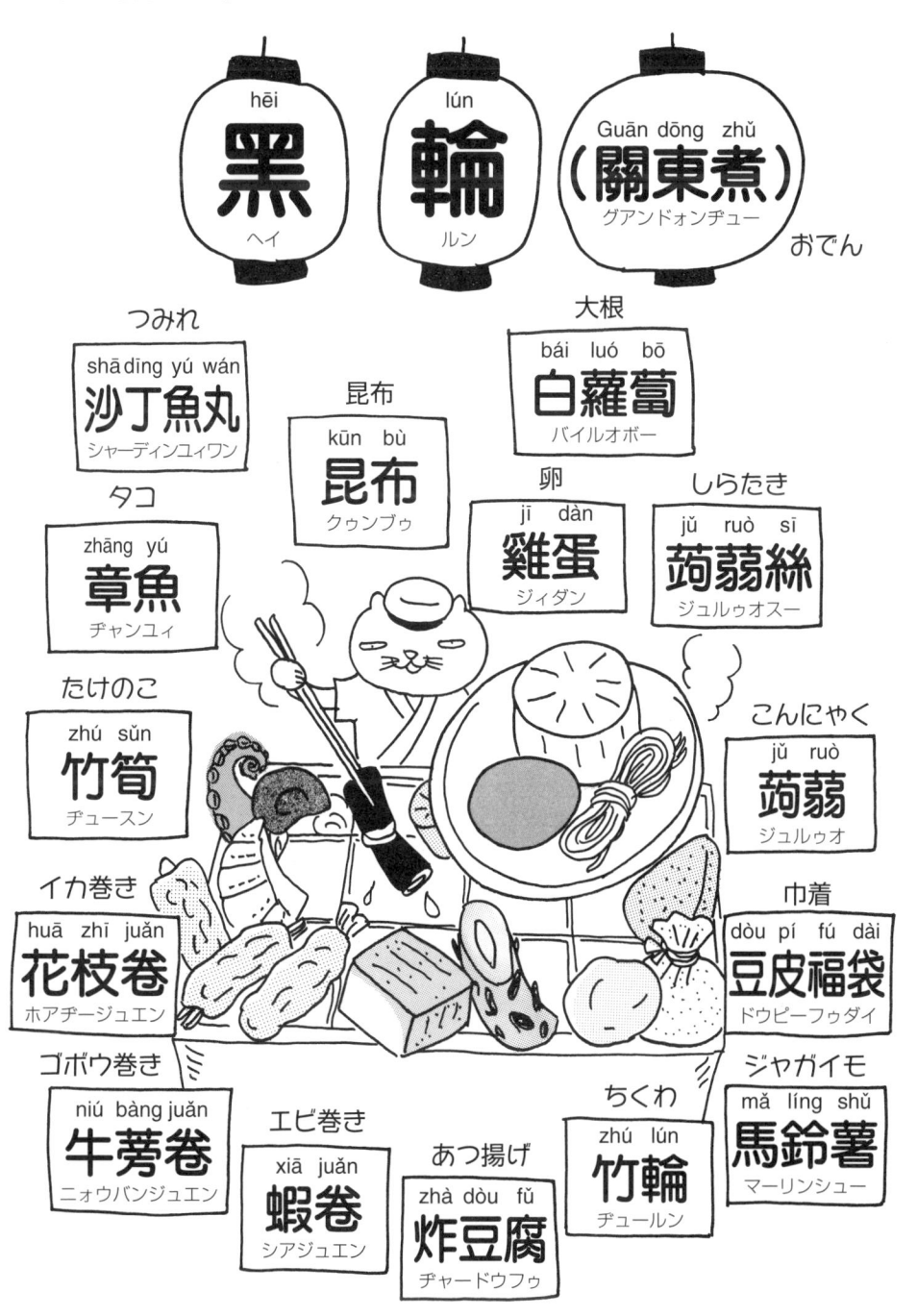

● 第12話「おでん」でおもてなし

黑 hēi ヘイ
輪 lún ルン
(關東煮) Guān dōng zhǔ グアンドォンヂュー
おでん

つみれ
shā dīng yú wán
沙丁魚丸
シャーディンユィワン

昆布
kūn bù
昆布
クゥンブゥ

大根
bái luó bō
白蘿蔔
バイルオボー

卵
jī dàn
雞蛋
ジィダン

しらたき
jǔ ruò sī
蒟蒻絲
ジュルゥオスー

タコ
zhāng yú
章魚
ヂャンユィ

たけのこ
zhú sǔn
竹筍
ヂュースン

こんにゃく
jǔ ruò
蒟蒻
ジュルゥオ

イカ巻き
huā zhī juǎn
花枝卷
ホアヂージュエン

巾着
dòu pí fú dài
豆皮福袋
ドウピーフゥダイ

ゴボウ巻き
niú bàng juǎn
牛蒡卷
ニォウバンジュエン

エビ巻き
xiā juǎn
蝦卷
シアジュエン

あつ揚げ
zhà dòu fǔ
炸豆腐
ヂャードウフゥ

ちくわ
zhú lún
竹輪
ヂュールン

ジャガイモ
mǎ líng shǔ
馬鈴薯
マーリンシュー

● 127 ●

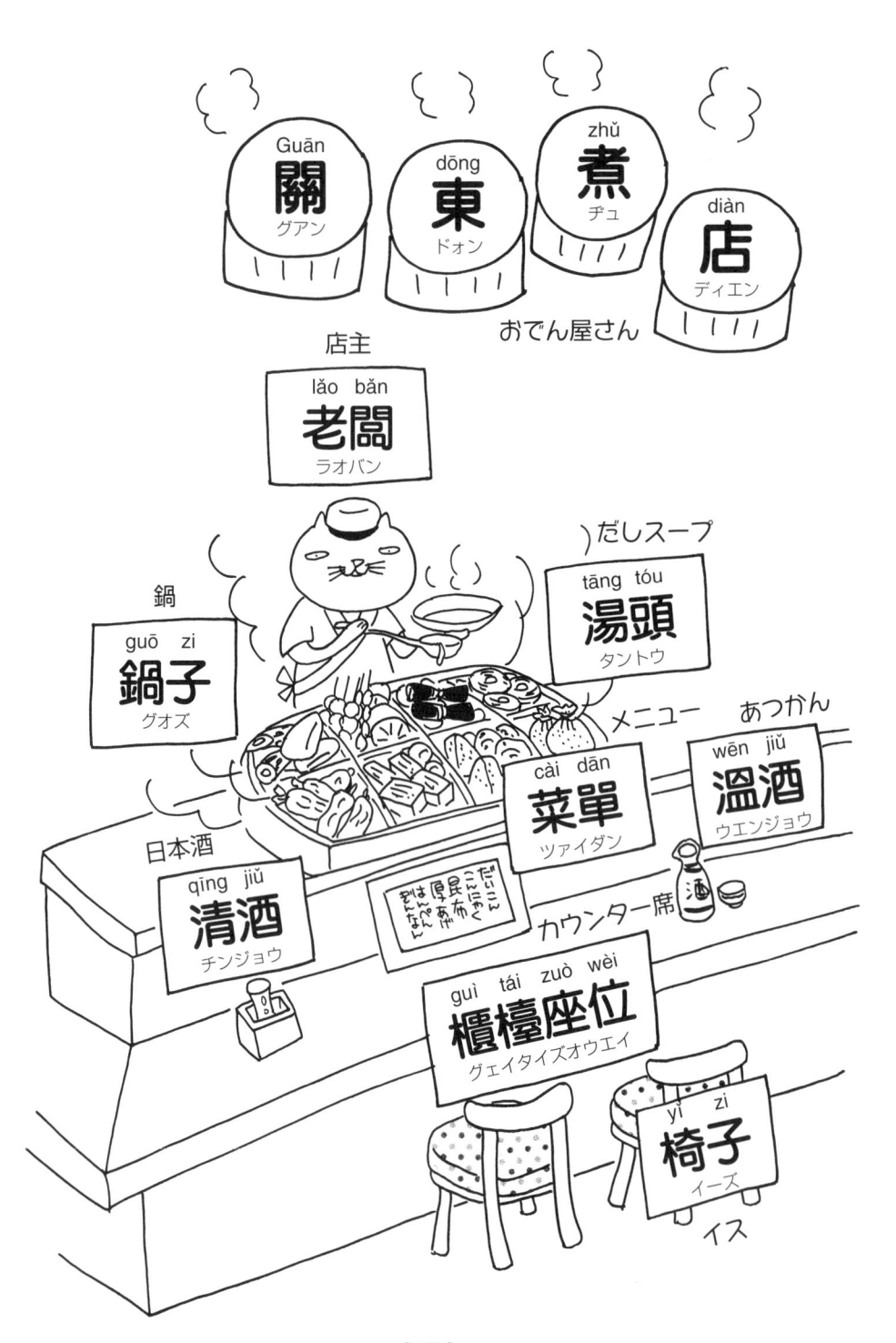

關東煮店	Guān dōng zhǔ diàn	グアンドォンヂュディエン	おでん屋さん
老闆	lǎo bǎn	ラオバン	店主
鍋子	guō zi	グオズ	鍋
湯頭	tāng tóu	タントウ	だしスープ
菜單	cài dān	ツァイダン	メニュー
溫酒	wēn jiǔ	ウエンジョウ	あつかん
清酒	qīng jiǔ	チンジョウ	日本酒
櫃檯座位	guì tái zuò wèi	グェイタイズオウエイ	カウンター席
椅子	yǐ zi	イーズ	イス

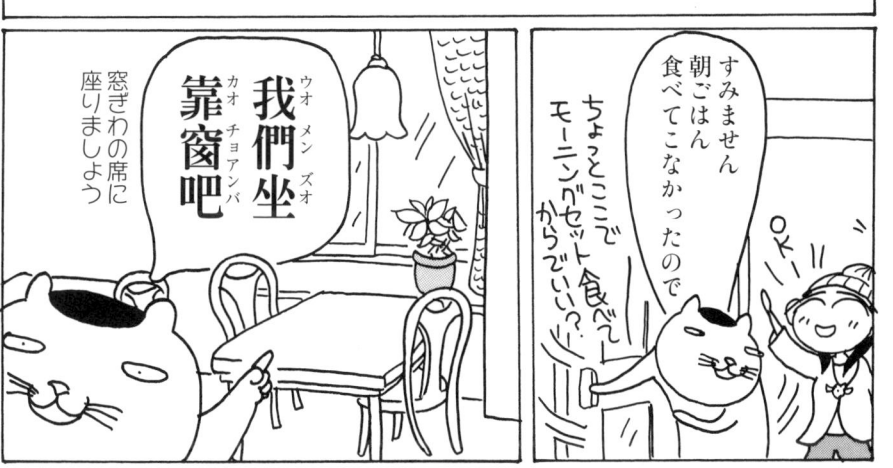

第13話「喫茶店」でおもてなし

咖啡廳 (kā fēi tīng)
カーフェイティン

我們先去咖啡廳吧
(ウォメン シェンチュイ カーフェイティンバ)
先に喫茶店に行きましょう

なんで？観光しないの？

ネコタ珈琲

我們坐靠窗吧
(ウォメン ズオ カオ チュアンバ)
窓ぎわの席に座りましょう

すみません 朝ごはん食べてこなかったので ちょっとここでモーニングセット食べてからでいい？

OK

わたしはホテルで朝ごはん食べてきたから飲み物だけでいいよ
那 じゃあ
妳想喝什麼？（ニイ シアンホー シェンモ）
何を飲みますか？
どー しよ～ かな～？
這家的咖啡很好喝呦（ヂョージィアダ カーフェイ ヘンハオホーヨウ）
この店のコーヒーはおいしいですよ
全部都一杯一杯地泡（チュエンブゥドウ イーベイイーベイディパオ）
すべて一杯ずつ入れています
我喜歡喝摩卡♡（ウオシィホアンホー モーカ）
私はモカが好き♡
コーヒーか…
我喜歡喝拿鐵♡（ウオシィホアンホー ナーティエ）
私はラテが好き♡
要冰的還是熱的？（ヤオビンダ ハイシー ルオダ）
アイスにしますかそれともホット？
熱的（ルオダ）
ホット
もちろ～ん
なんでもちろん？
冷たいのはあまり胃によくないよ～

日本はなんでお水に氷が入ってるところが多いの？
サービスです
冷たいお水の方がおいしいでしょ
いらないのに…
じゃあなんで台湾ではビールに氷入れるの？
サービスだよ
ビールは冷たいほうがおいしいでしょ
確かに冷たいほうがおいしいけど氷はかえってビールが薄くなってマズくなるよ
うすくなるよ…
じゃあなんでアイスコーヒーはいいの？
…
でしょ？
妳(ニイ)要不要吃(ヤオ ブゥ ヤオ チー)蛋糕(ダン ガオ)？
ケーキ食べますか?
KAKE MENU
ケーキメニュー
たべよーかなー
どのケーキがいい？
妳想吃(ニイ シアンチー)什麼蛋糕(シェンモ ダン ガオ)？
提拉米酥(ティ ラー ミー スゥ)
ティラミス
KAKE MENU
ケーキメニュー
ティラミス
妳先請用(ニイ シエンチン ヨン)
お先にどーぞ

營養早餐(インヤンザァオツァン) モーニングセット

煮蛋(ヂュダン) ゆで卵
吐司(トゥスー) トースト
迷你沙拉(ミーニィシャーラー) ミニサラダ
奶油(ナイヨウ) バター

來了~(ライラ) きた~

台湾では朝食の卵は「荷包蛋(ホーバオダン)」が多いよ

荷包蛋?(ホーバオダン) 荷包蛋?
是不是(シーブッシー)
煎蛋(ジェンダン) 目玉焼き?

一般に「煎蛋(ジェンダン)」をふたつに折ったものが「荷包蛋(ホーバオダン)」

煎蛋(目玉焼き)
⇩
荷包蛋

「荷包」は巾着とかがま口のこと

形ががま口に似てるから「荷包蛋」

荷包蛋

「がま口」=「お金」エンギがいいよ

●第13話「喫茶店」でおもてなし

わたしがよく食べるのはコレ

臺灣傳統的早飯
（タイワンチョアントンダザオファン）
台湾伝統の朝食

燒餅（シャオビン）
小麦粉を焼いたパンに揚げパンをはさんだもの

油條（ヨウティアオ）

飯糰（ファントアン）
台湾のおにぎり
具がいっぱい

米漿（ミージアン）
米とピーナッツで作ったものでせい

豆漿（ドウジアン）

蛋餅（ダンビン）
クレープのような生地で玉子焼きを巻いてある

わたしも台湾の朝食屋さんに行ったことあります

小籠包や餃子もあって安くておいしくてボリューム満点でした〜

朝食屋さんは便利だよー朝の忙しいときに手軽に栄養のある物が食べられるからねー

買って会社で食べてもいいねー

ワタナベさん普段朝ごはんはなに食べてるの？

カンタントーストと野菜ジュースです

でもお休みの日だけは自分で作ります

日本傳統的早飯
（ルイベンチョアントンダザオファン）
日本伝統の朝食

醬菜（ジアンツァイ）
漬け物

納豆（ナードウ）
納豆 小粒

干物

乾魚（ガンユィ）

白飯（バイファン）
ごはん

味噌湯（ウェイツンタン）
みそ汁

おしゃべりしてたらちょっとお腹がすいてきちゃった…
那妳要不要吃三明治？（ナー ニィヤオブゥヤオチー サンミンヂー）
じゃあサンドイッチ食べます？
どんなサンドイッチがあるの？
有雞蛋蔬菜火腿三明治（ヨウ ジィダンシュツァイ フオトエイサンミンヂー）
たまごと野菜とハムサンドがあります
還有總匯三明治（ハイヨウ ゾォンホェイサンミンヂー）
あとはミックスサンドがあります
ねえねえワタナベさんやきそばパンある？
え…？
炒麵麵包？（チャオミエンミエンバオ）
焼きそばパン？
日本のドラマや漫画によく出てくるから食べてみたいのー♡
あこがれのやきそばパン♡
咖啡廳沒有（カーフェイティン メイヨウ）
喫茶店にはありません
ざんねんながら
えーないのーがっかりー
那我們去便利商店買吧（ナー ウオメンチュイ ビエンリーシャンディエン マイバ）
じゃあコンビニに行って買いましょう
わーっ楽しみ～♡

コンビニ
100円入れたてコーヒー
100円おにぎり
這就是炒麵麵包（ヂョージョウシー チャオミエンミエンバオ）
これが焼きそばパンです
¥125 やきそばパン
わ〜♡
パンの中に麺がはさまってる〜っ
フシギ〜
はい焼きそばパンですからね
100円コーヒー
100円コーヒー
吃起來有一點怪怪的〜（チーチィライ ヨウイーディエン グァイグァイダ）
なんだかヘンなカンジ〜
不過很好吃呦〜♡（ブゥグオ ヘンハオチーヨウ）
でもおいしいよ〜♡
じゃあ今度台湾に行くときはお土産にやきそばパン買っていきますよ
ここで朝ごはん食べればよかったな……
100円コーヒー
100円コーヒー

● 第13話「喫茶店」でおもてなし

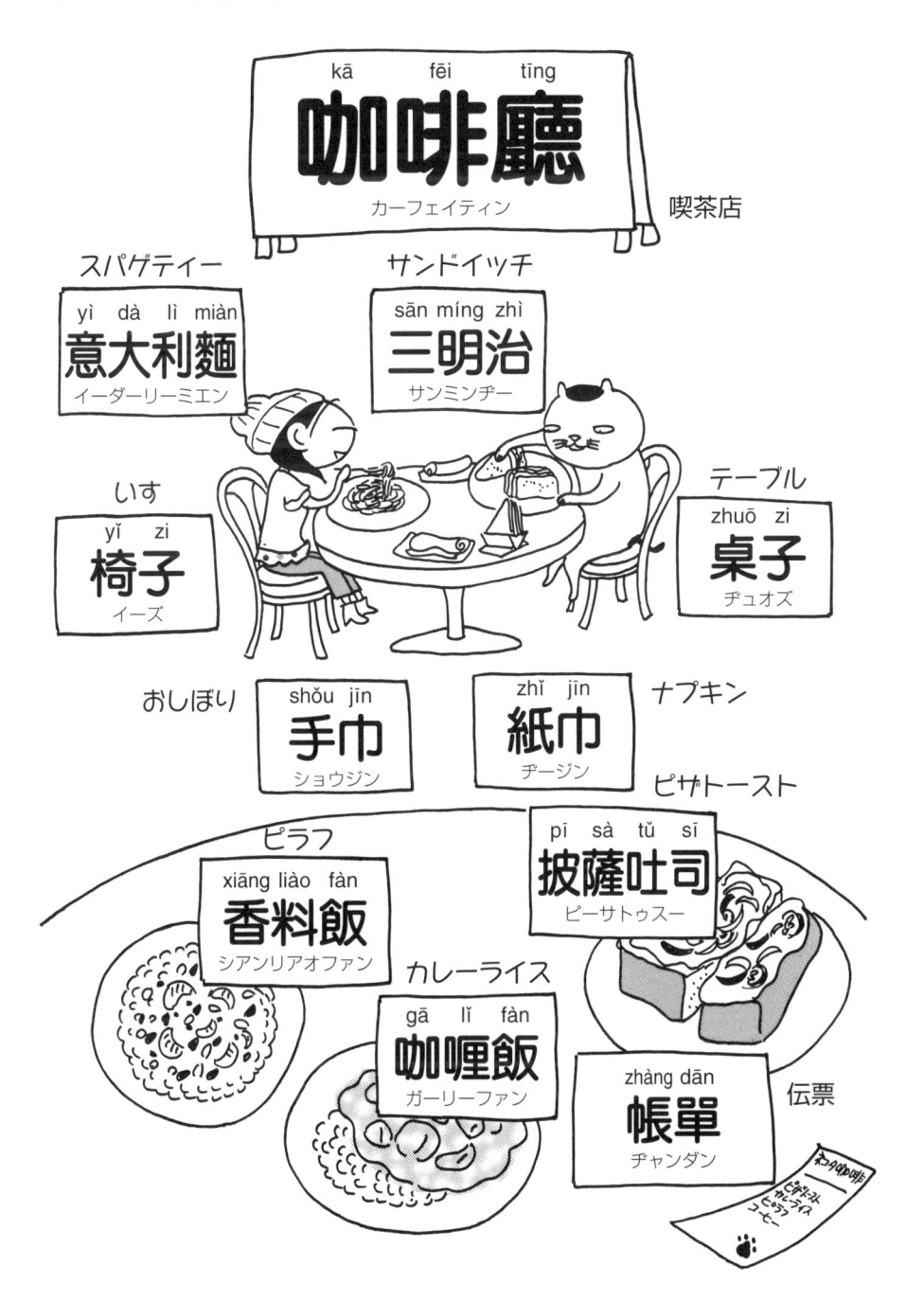

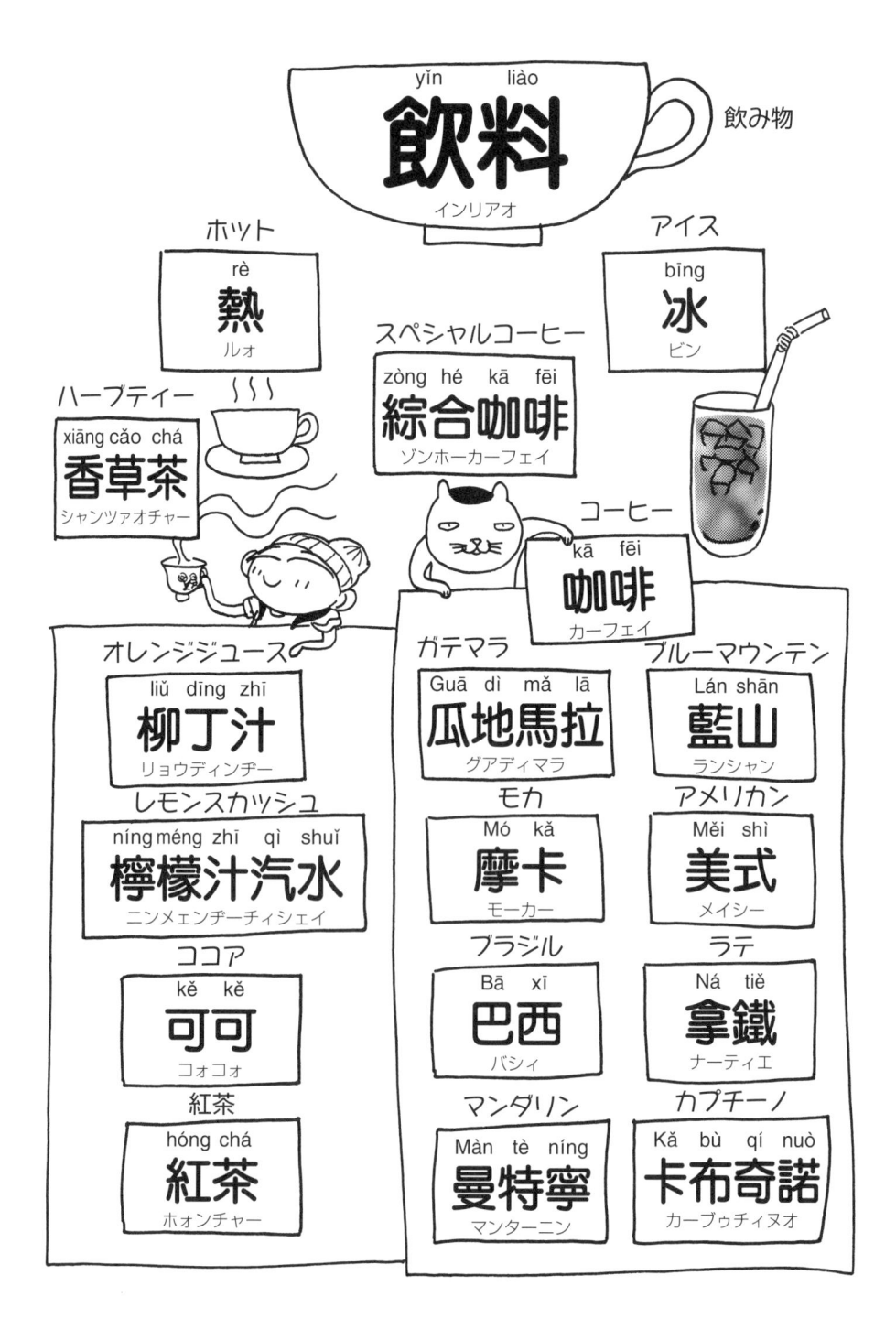

飲料 yǐn liào （インリアオ） — 飲み物

ホット 熱 rè ルォ

アイス 冰 bīng ビン

スペシャルコーヒー 綜合咖啡 zòng hé kā fēi ゾンホーカーフェイ

ハーブティー 香草茶 xiāng cǎo chá シャンツァオチャー

コーヒー 咖啡 kā fēi カーフェイ

オレンジジュース 柳丁汁 liǔ dīng zhī リョウディンヂー

レモンスカッシュ 檸檬汁汽水 níng méng zhī qì shuǐ ニンメェンヂーチィシェイ

ココア 可可 kě kě コォコォ

紅茶 紅茶 hóng chá ホォンチャー

ガテマラ 瓜地馬拉 Guā dì mǎ lā グアディマラ

モカ 摩卡 Mó kǎ モーカー

ブラジル 巴西 Bā xī バシィ

マンダリン 曼特寧 Màn tè níng マンターニン

ブルーマウンテン 藍山 Lán shān ランシャン

アメリカン 美式 Měi shì メイシー

ラテ 拿鐵 Ná tiě ナーティエ

カプチーノ 卡布奇諾 Kǎ bù qí nuò カーブゥチィヌオ

第14話「ドラッグストア」でおもてなし

藥妝店 yào zhuāng diàn
ヤオヂョアンディエン

食べすぎかな…
お腹の調子が…

大丈夫？

妳要吃胃腸藥嗎？
ニイ ヤオ チー ウェイチャンヤオ マ
胃腸薬でも飲む？

そうだね 薬飲もうかな

ここはチェーン店のドラッグストアです

這家是連鎖藥妝店
ヂョージィアシー リエンスオ ヤオヂョアンディエン

比較便宜
ビージァオ ピエンイー
安めですよ

「撒隆巴斯」台湾でとても有名だよ

「撒隆巴斯」(サーロンバースー)
在臺灣(ザァイタイワン)
很有名(ヘンヨウミン)

在臺灣(ザァイタイワン)
也有很多(イェヨウヘンドゥオ)
膏貼藥吧(ガオティエヤオバ)

台湾だってたくさんシップ薬あるでしょ

あるけどこれは香りがいいのだから台湾で人気

ふーんそうなの

そーだついでにリップクリーム欲しいなー

護唇膏(フウチュンガオ)？

リップクリーム？

蜂蜜口味的(フォンミーコウウェイダ)
護唇膏(フウチュンガオ)

はちみつ味のリップクリーム

これどう？

臺灣人(タイワンルェン)
喜歡(シィホァン)
這個牌子(ジョーゴパイズ)
小護士(シアオフウシー)
護唇膏(フウチュンガオ)

台湾人はこのブランドが好き

看護師ちゃんのリップクリームですね

ふつうは「面速達」(ミエンスゥダー)って言ってるよ

なるほどミエンスゥダアがメンソレータムね…

●第14話「ドラッグストア」でおもてなし

ワタナベさん これなんの薬？
またなんか見つけたの？
金冠（ジングアン）
キンカン
蚊蟲叮咬用的藥（ウエンチョォン ディンヤオ ヨン ダ ヤオ）
虫さされの薬です
キンカン
肩膀痠痛時也可以用（ジエンバン スワントォンシー イエ コォ イー ヨン）
肩こりのときも使えます
超清涼
すーっとする～
ぬりぬり
超清涼
すーっとする～
茫茫さん
這個感冒藥（ジョーゴォ ガン マオ ヤオ）
このかぜ薬
吃了不會睏（チー ラ ブゥ ホェイクウン）
飲んでも眠くなりません
かぜ薬
GOLD
かぜ薬は いらない
頭痛薬が 欲しいなー
妳要頭痛藥嗎？（ニイ ヤオ トウ トゥンヤオ マ）
頭痛薬が欲しいの？
要！（ヤオ）
我要這個牌子（ウオヤオジョーゴォパイズ）
欲しい！ このブランドが欲しい
つらい頭痛に
EAE
速く効く!!
わたしは この女優さんが 好き♡
EAE
EAE
598
498

●第14話「ドラッグストア」でおもてなし

ヂョーヂョンシー ハイビエンヨンダ
這種是海邊用的
これは海用です
San
ヂョーヂョンシー イーバンヨンダ
這種是一般用的
これは普段使い用です
フジヅカさん中国語話せるんですか
フジヅカ
最近は中国のお客様が多くなったので…
わたしは台湾人でーす
ヂョーゴォ ドェイジィフゥ ヘンハオ
這個對肌膚很好♡
これは肌にやさしいですよ
動物実験もしてませ～ん やさし～
これにするー
SPF 20 SunProtect lotion
ヤオブゥヤオ カンカン ルァンファジィ
要不要看看染髮劑？
カラーはどうですか？
泡カラー
フローネ
フジヅカ
ヂョーシエ ドゥコォイー ズージィルァン
這些都可以自己染
すべて自分で染められます
ヘンジエンダン
很簡單
とてもカンタン
泡カラー
コォイー ツァンコウヤンピン カンカン
可以參考樣品看看
サンプルを見られますよ
色がビミョーに違うね

我覺得（ウォジュエダ）這個顏色（チョーゴォイエンソォ）比較適合妳（ビージアオシーホーニィ）
この色があなたに合うと思います
あのーーー お腹の調子は大丈夫ですかあー？
妳的（ニィダ）胃腸（ウエイチャン）不太好嗎（ブゥタイハオマ）？
胃腸の調子があまりよくないの？
あ！ そうだったー
・・・
這個（チョーゴォ）怎麼樣（ゼンモヤン）？
これはどうですか？
おススメー
胃のもたれ・不快感に
漢方胃腸薬
12包
中藥（チョォンヤオ）胃腸藥（ウエイチャンヤオ）
漢方胃腸薬です
飯前吃（ファンチエンチー）最有效（ズエイヨウシアオ）
食前によく効きます
わたしも これよく のんでます
腸の調子を整えるならこれがオススメ！
含有（ハンヨウ）乳酸菌（ルゥスワンジュン）
乳酸菌が含まれています
表飛鳴（ビアオフェイミン）
ビオフェルミン
知ってるよー
新ビオフェル

寶寶也可以吃（バオバオイエ コォイーチー）
赤ちゃんでも飲めますよ
ふたつとも買うー
けっこういろんなもの買いましたね
謝謝〜（シェシェ）
ありがとう〜
歡迎再來〜（ホアンイン ザァイライ）
またきてね〜
中国語も商売も達者な店員さんでしたね…
薬飲んだらなんだかお腹の調子がよくなってきちゃった…
ほほほほ
そんなにすぐに効きますか
買い物したらストレスが飛んでったみたい
あそこでちょっと休も…
甜甜圈很油膩…（ティエンティエンチュエン ヘンヨウニイ）
ドーナツは油っこいですよ…
胃によくねーっす…
Donut
今だけお得!! フェア
100
100円
100円

●第14話「ドラッグストア」でおもてなし

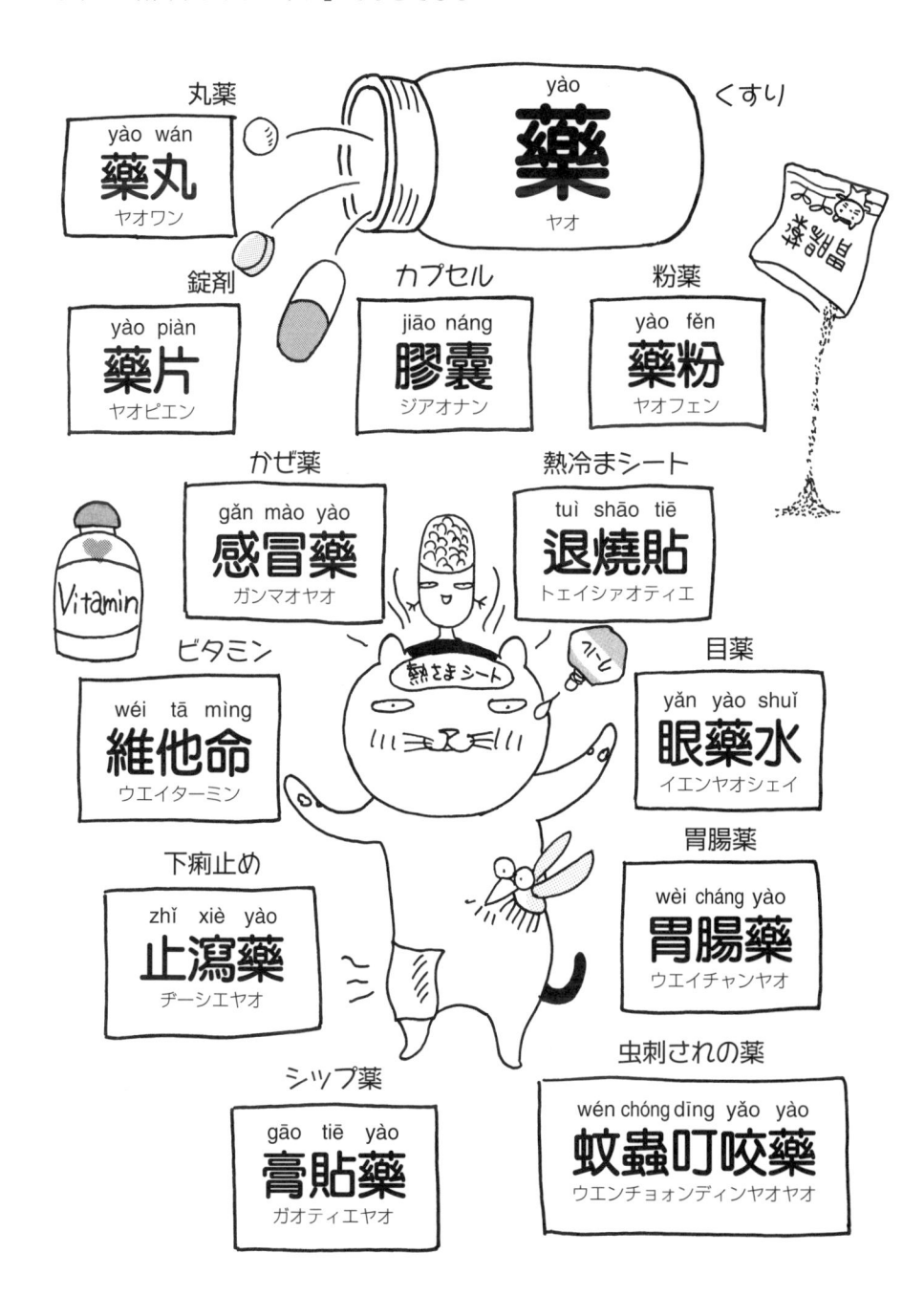

藥 yào／ヤオ（くすり）

- 丸薬 — 藥丸 yào wán ヤオワン
- 錠剤 — 藥片 yào piàn ヤオピエン
- カプセル — 膠囊 jiāo náng ジアオナン
- 粉薬 — 藥粉 yào fěn ヤオフェン
- かぜ薬 — 感冒藥 gǎn mào yào ガンマオヤオ
- 熱冷ましシート — 退燒貼 tuì shāo tiē トェイシァオティエ
- ビタミン — 維他命 wéi tā mìng ウエイターミン
- 目薬 — 眼藥水 yǎn yào shuǐ イエンヤオシェイ
- 下痢止め — 止瀉藥 zhǐ xiè yào ヂーシエヤオ
- 胃腸薬 — 胃腸藥 wèi cháng yào ウエイチャンヤオ
- シップ薬 — 膏貼藥 gāo tiē yào ガオティエヤオ
- 虫刺されの薬 — 蚊蟲叮咬藥 wén chóng dīng yǎo yào ウエンチョンディンヤオヤオ

huā zhuāng pǐn
化妝品
ホアヂョアンピン

化粧品

パック
miàn mó
面膜
ミエンモー

日焼け止め
fáng shài rǔ
防曬乳
ファンシャイルゥ

つけまつ毛
jiǎ jié máo
假睫毛
ジィアジエマオ

ヘアカラー
rǎn fǎ jì
染髮劑
ルァンファジィ

リップクリーム
hù chún gāo
護唇膏
フゥチュンガオ

歯みがき粉
yá gāo
牙膏
ヤーガオ

パウダー
fěn bǐng
粉餅
フェンビン

歯ブラシ
yá shuā
牙刷
ヤーショア

化粧水
huà zhuāng shuǐ
化妝水
ホアチョアンシェイ

乳液
rǔ yè
乳液
ルゥイエ

第15話 「花火」でおもてなし

yān huǒ
煙火
イエンフオ

屋台がたくさん並んで台湾の「夜市」〈*〉みたいだね

煙火
イエンフオ
七點開始
チーディエンカイシー

花火は7時に始まります

還有一點時間
ハイヨウイーディエンシージエン
我們逛逛吧
ウオメングアングアンバ

まだ時間が少しあるのでぶらぶらしましょう

* 「夜市」…台湾各地にある夜の屋台街。安くておいしい

妳看過
ニィカングオ
日本的
ルィベンダ
煙火嗎？
イエンフオマ

日本の花火見たことありますか？

沒看過
メイカングオ

見たことない

年越しに台北101〈*〉であげる花火は見に行ったことがあるよ

すごい人だった〜

わたしもそれ動画で見ました

* 「台北101」…台北市内にある超高層ビル

149

台北101のビルが爆発して燃えちゃうんじゃないかと心配するくらいすっごくハデな花火ですね
台北101
花火の台北101
どかん
どかん
どかん
どかん
三万発くらいあげるけどね
そう 超ハデだけど数分で終っちゃう
濃くて短い人生…
それもいいね…
日本的煙火(ルィベンダイエンフオ)
大概放(ダーガイファン)
一個小時(イーゴォシアオシー)
日本の花火はだいたい1時間くらいかな
やきそば
りんご
長いね～
今天要放(ジンティエンヤオファン)
一萬個(イーワンゴォ)
煙火(イエンフオ)
今日は1万個の花火をあげます
楽しみ～
生ビール
日本的夏天(ルィベンダシアティエン)
少不了煙火(シァオブゥリアオイエンフオ)
日本の夏に花火は欠かせません

●第15話「花火」でおもてなし

暑い夏に川辺の土手で花火を見ながら涼みます

ぜんぜん涼しくないけど…それより人の熱気がすごいけど…

年々人が多くなってますからね

ワタナベさんこのかわいい袋なに？

棉花糖(ミエンホアタン)
綿あめ

500円

へーっ台湾でもよくデザートに使われてるよ
アイスの上にでっかい綿あめがのってる綿あめアイスクリームとか

甘いものはあとでいいや
先になにか食べたいなー

那裡有奶油馬鈴薯(ナーリヨウナイヨウマーリンシュー)
あそこにジャガバターがあります

大きなバターを じゃがいもに 乗せて食べます
把一大塊的奶油 放到馬鈴薯上 吃
バ イー ダー グアイ ダ ナイ ヨウ ファン ダオ マー リン シュー シャン チー
あれは？
広島の お好み焼き
廣島的「お好み焼き」
グアンダオ ダ
這個是用麵粉蔬菜 肉雞蛋做的
ヂョー ゴォ シー ヨン ミエンフェン シューツァイ ルウオ ジィ ダン ズオ ダ
「お好み焼き」は 小麦粉、野菜、肉、卵を使って作ります
好像臺灣的煎蛋餅
ハオ シアン タイ ワン ダ ジエンダン ビン
台湾の「煎蛋餅」みたいなもの
「廣島風」的特色是有炒麵和煎蛋
グアンダオ フォン ダ トォ ソォ シー ヨウ チャオメン ハン ジエンダン
「広島風」の特徴は 中に焼きそばと 目玉焼きが 入っていること
たれ つけてる
「お好み焼き」的醤比較甜
ダ ジアン ビー ジアオ ティエン
「お好み焼き」のたれは 少し甘めです

加上（ジィアシャン）美乃滋（メイナイズー）
その上にマヨネーズをかけます
マヨネーズ 細〜い
最後（ズェイホウ）再加上（ザァイジィアシャン）柴魚片和（チャイユィピエンハン）紅薑（ホォンジアン）
最後にかつを節と紅ショウガをのせます
ほっほっ すごい ボリューム
りの一本漬
ワタナベさんのそれ何？
黄瓜漬（ホアングアズー）
キュウリの一本漬け
鹹菜的（シエンツァイダ）一種（イーヂョォン）
漬け物の一種です
きゅうりの一本漬
黄瓜可以（ホアングアコォイー）消暑解渇（シアオシュージエコォ）
キュウリは夏の暑いときにぴったりです
ポリッ
ポリ
パリ
ポリリッ
好棒（ハオバン）〜♡
good〜♡
また買ってきちゃいました…

花火が始まります
煙火快要開始了
あそこに座って見ましょう!
我們去那邊坐著看吧!
始まりました
開始了
菊花~
菊の花~
大きい~っ
愛心
愛
蝴蝶
チョウ
宇宙大爆炸~
宇宙大爆発~
超讚
すばらしい~

さ〜ん
空中藝術(コォンヂョォンイーシュー)〜♡
空の芸術〜♡
ぱぱん
どどどん
結束了(ジエ シューラ)〜
終わりました〜
過癮吧(グオ イン バ)!?
満喫したでしょ!?
うん 楽しかった〜
じゃあ もう少し 日本の夏の花火 味わってみる?
え?
じゃあ〜ん
線香火花(シエンシアンフオ ホア)
線香花火
え? 線香?
拝拝嗎(バイ バイ マ)?
お参りするの?
違います 花火です 線香に似てるから「線香花火」
え〜 ちっちゃ〜い これ花火?
あっちの土手に行って 花火やりましょう

我幫妳點火（ウオ バン ニイ ディエンフォ）
火をつけてあげる
線香火花好像人生（シエンシアンフオホア ハオシアンルエンション）
線香花火はまるで人生のようです〜
まあるい火の玉になったぁ
人生從這裡開始（ルエンション ツォンヂョーリカイシー）
人生はここから始まります
わぁ光り出した
ぱぱぱ
放了光以後漸漸地消失（ファンラグアン イーオウ ジエンジエンディ シアオシー）
光ったあとだんだん消えてゆきます
掉了…（ディアオラ）
落ちた…
ぽと…
あれ…？
ワタナベさんの花火ぜんぜん光ってないよ
ぱぱぱ
はい人生光る前に終わっちゃいました…
ひゅうう〜
人生負け猫…
ぱ

● 第15話 「花火」でおもてなし

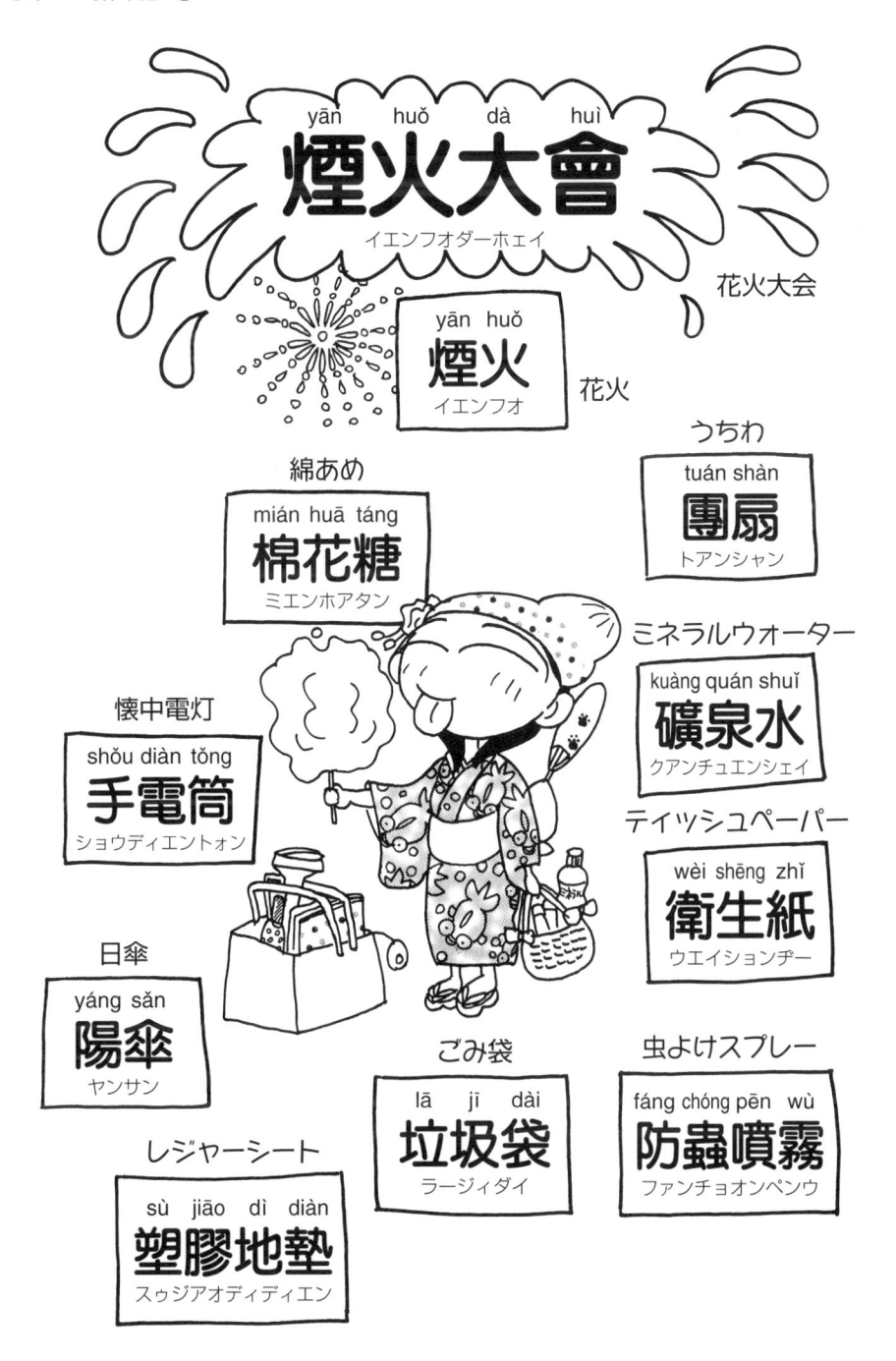

煙火大會 (yān huǒ dà huì)
イエンフオダーホェイ / 花火大会

煙火 (yān huǒ) イエンフオ / 花火

棉花糖 (mián huā táng) ミエンホアタン / 綿あめ

團扇 (tuán shàn) トアンシャン / うちわ

礦泉水 (kuàng quán shuǐ) クアンチュエンシェイ / ミネラルウォーター

手電筒 (shǒu diàn tǒng) ショウディエントォン / 懐中電灯

衛生紙 (wèi shēng zhǐ) ウエイションヂー / ティッシュペーパー

陽傘 (yáng sǎn) ヤンサン / 日傘

垃圾袋 (lā jī dài) ラージィダイ / ごみ袋

防蟲噴霧 (fáng chóng pēn wù) ファンチョオンペンウ / 虫よけスプレー

塑膠地墊 (sù jiāo dì diàn) スゥジアオディディエン / レジャーシート

● 157 ●

小吃攤
xiǎo chī tān
シアオチータン — 食べ物の屋台

焼きそば
chǎo miàn
炒麵
チャオミエン

かき氷
bào bīng
刨冰
バオビン

バナナチョコ
xiāng jiāo qiǎo kè lì
香蕉巧克力
シアンジャオチアオコォリー

タコやき
kǎo zhāng yú
烤章魚
カオヂャンユィ

ベビーカステラ
bǎo bǎo dàn gāo
寶寶蛋糕
バオバオダンガオ

キュウリの一本漬け
huáng guā zi
黃瓜漬
ホアングアズー

焼きトウモロコシ
kǎo yù mǐ
烤玉米
カオユィミー

リンゴ飴
píng guǒ táng
蘋果糖
ピングオタン

ピックアップ会話集

我們去觀光吧！
Wǒ men qù guān guāng ba
ウオ メン チュイ グアン グアン バ

観光に行きましょう！

第1話 「回転寿司」でおもてなし 漫画会話（9頁～16頁）より

⑬ 我 幫 妳 點。〈私が注文してあげます。〉
Wǒ bāng nǐ diǎn.
ウオ バン ニイ ディエン

⑭ 油鮪魚。／百吃不厭～。〈トロです。／いっぱい食べてもあきな～い。〉
Yóuwěiyú. ／ Bǎichībúyàn.
ヨウウエイユイ／バイチーブイエン

⑮ 那 是 螃蟹 味噌 湯。〈あれはカニの味噌汁です。〉
Nà shì pángxiè wèicēng tāng.
ナー シー パンシエ ウエイツゥン タン

⑯ 還 不錯～。〈いけますね。〉
Hái búcuò.
ハイ ブツオ

⑰ 鮮蝦 一個人 一個 好 嗎？〈甘エビ一人1個ずつにしませんか？〉
Xiānxiā yígerén yíge hǎo ma?
シエンシア イーゴォレン イーゴォ ハオ マ

⑱ 又鮮 又甜～。〈新鮮で甘～い。〉
Yòuxiān yòutián.
ヨウシエン ヨウティエン

⑲ 醋飯 在 壽司 店 叫「シャリ」。〈お寿司屋さんでは酢飯を「シャリ」とよんでいます。〉
Cùfàn zài shòusī diàn jiào「シャリ」.
ツウファン ザァイ ショウスー ディエン ジアオ シャリ

⑳ 章魚腳 怎麼樣？〈タコはどうですか？〉
Zhāngyújiǎo zěnmeyàng?
ヂャンユイジアオ ゼンモヤン

㉑ 我 不 喜歡 吃 章魚。／為什麼？〈私はタコは嫌いです。／なぜですか？〉
Wǒ bù xǐhuān chī zhāngyú.／Wèishénme?
ウオ ブウ シィホアン チー ヂャンユイ ／ ウエイシェンモ

㉒ 納豆卷。／妳 要不要 嚐嚐看？〈納豆巻きです。／ちょっと試してみますか？〉
Nàdòujuǎn. ／Nǐ yàobúyào chángchángkàn?
ナードウジュエン／ニイ ヤオブウヤオ チャンチャンカン

㉓ 結帳 的 意思。〈お会計の意味です。〉
Jiézhàng de yìsi.
ジエヂャン ダ イース

㉔ 讓 妳 破費 了。／明天 見～。〈こちそうさまでした。／また明日ね～。〉
Ràng nǐ pòfèi le.／Míngtiān jiàn.
ルァン ニイ ポーフェイ ラ ／ミンティエン ジエン

発音してみよう！

❶ 這家 店 的 壽司 很 新鮮。〈この店の寿司はとても新鮮です。〉
Zhèjiā diàn de shòusī hěn xīnxiān.
ヂョージィア ディエン ダ ショウスー ヘン シンシエン

❷ 我們 吃 吧！〈食べましょう！〉
Wǒmen chī ba.
ウオメン チー バ

❸ 那 是 竹莢魚。〈それはアジです。〉
Nà shì zhújiáyú.
ナー シー ヂュージィアユィ

❹ 妳 喜歡 吃 鮪魚 嗎？〈マグロは好きですか？〉
Nǐ xǐhuān chī wěiyú ma?
ニイ シィホアン チー ウエイユィ マ

❺ 不過 我 更 喜歡 吃 鮭魚。／為什麼？〈でもサケのほうが好きです。／なんで？〉
Búguò wǒ gèng xǐhuān chī guīyú. ／Wèishénme?
ブグオ ウオ ゴン シィホアン チー グエイユィ／ウエイシェンモ

❻ 有 鮭魚 嗎？／有。／在 那裡 呢〜。〈サケはありますか？／ある。／あそこにあります。〉
Yǒu guīyú ma?／Yǒu.／Zài nàlǐ ne.
ヨウ グエイユィ マ ／ヨウ／ザァイ ナーリ ナ

❼ 等一下。〈ちょっと待ってください。〉
Děngyíxià.
ドンイーシア

❽ 鮭魚 來 了〜。／我 幫 妳 拿。〈サケがきた〜。／私が取ってあげましょう。〉
Guīyú lái le.／Wǒ bāng nǐ ná.
グエイユィ ライ ラ ／ウオ バン ニイ ナー

❾ 這 是「GARI」。／糖醋味 的 薑片。〈これは「ガリ」。／甘酢生姜です。〉
Zhè shì「GARI」.／Tángcùwèi de jiāngpiàn.
ヂョー シー GARI ／タンツゥエイ ダ ジアンピエン

❿ 薑片 可以 清清 口中 的 殘留 味。〈生姜が口の中をさっぱりさせてくれます。〉
Jiāngpiàn kěyǐ qīngqīng kǒuzhōng de cánliú wèi.
ジアンピエン コォイー チンチン コウヂョオン ダ ツァンリョウ ウエイ

⓫ 有「ガリガリ」的 口感 所以 叫「ガリ」。〈食感が「ガリガリ」なので「ガリ」といいます。〉
Yǒu「ガリガリ」de kǒugǎn suǒyǐ jiào「ガリ」.
ヨウ ガリガリ ダ コウガン スオイー ジアオ ガリ

⓬ 那 是「油鮪魚 蔥花卷」。〈あれは「ネギトロ巻き」です。〉
Nà shì「yóuwěiyú cōnghuājuǎn」.
ナー シー ヨウウエイユィ ツォンホアジュェン

第2話 「お寺や神社」でおもてなし　漫画会話（19頁〜26頁）より

⑬ 香的煙對身體很好。〈お線香の煙は体にいいんですよ。〉
　Xiāng de yān duì shēntǐ hěn hǎo.
　シアン　ダ　イエン　ドェイ　シェンティ　ヘン　ハオ

⑭ 可以治病也可以變得更聰明。〈病気も治るし、頭も良くなります。〉
　Kěyǐ zhìbìng yě kěyǐ biàn de gèng cōngmíng.
　コォイー　ヂービン　イエ　コォイー　ビエン　ダ　ゴン　ツォンミン

⑮ 本堂裡有觀音菩薩。〈これが本堂です。／本堂の中には観音菩薩様がまつられています。〉
　Běntáng lǐ yǒu Guānyīnpúsà.
　ベンタン　リ　ヨウ　グアンインプゥサ

⑯ 先布施再拜拜。〈先におさい銭をあげてからお参りします。〉
　Xiān bùshī zài bàibài.
　シエン　ブゥシー　ザァイ　バイバイ

⑰ 隨喜。〈いくらでもいいんですよ。〉
　Suíxǐ.
　スェイシィ

⑱ 五圓也可以。／五圓代表有緣。〈5円でもいいです。／"五円"は縁があるという意味。〉
　Wǔ yuán yě kěyǐ.／Wǔyuán dàibiǎo yǒu yuán.
　ウー　ユエン　イエ　コォイー／ウーユエン　ダイビアオ　ヨウ　ユエン

⑲ 合掌一鞠躬。〈手を合わせて1回おじぎをします。〉
　Hézhǎng yì júgōng.
　ホォヂャン　イー　ジューゴォン

⑳ 妳要抽籤嗎？／一次一百圓。〈おみくじ引きますか？／1回100円。〉
　Nǐ yào chōuqiān ma?／Yícì yìbǎi yuán.
　ニィ　ヤオ　チョウチエン　マ　／イーツー　イーバイ　ユエン

㉑ 抽到的竹籤號就是神籤號。〈引いた番号がおみくじの番号になります。〉
　Chōudào de zhúqiānhào jiùshì shénqiānhào.
　チョウダオ　ダ　ヂューチエンハオ　ジョウシー　シェンチエンハオ

㉒ 幾號？／四十一號。〈何番ですか？／41番です。〉
　Jǐ hào?／Sìshíyī hào.
　ジィ　ハオ　／スーシーイー　ハオ

㉓ 神籤有七種。〈おみくじは7種類あります。〉
　Shénqiān yǒu qī zhǒng.
　シェンチエン　ヨウ　チィ　ヂョン

㉔ 就是把好運帶回去的意思。〈好運を持って帰るという意味です。〉
　Jiùshì bǎ hǎoyùn dàihuíqù de yìsi.
　ジョウシー　バ　ハオユン　ダイホェイチュイ　ダ　イース

発音してみよう！

❶ 今天 去 淺草寺 觀光 吧。〈今日は浅草寺に観光に行きましょう。〉
Jīntiān　　qù　　Qiǎncǎosì　guānguāng ba.
ジンティエン　チュイ　チエンツァオスー　グアングアン　バ

❷ 淺草寺 離 淺草站 很 近。〈浅草寺は浅草駅から近いです。〉
Qiǎncǎosì　　lí　Qiǎncǎozhàn　hěn　jìn.
チエンツァオスー　リー　チエンツァオヂャン　ヘン　ジン

❸ 淺草寺 是 東京 最 古老 的 寺廟。〈浅草寺は東京で最も古いお寺です。〉
Qiǎncǎosì　　shì Dōngjīng zuì　 gǔlǎo de sìmiào.
チエンツァオスー　シー　ドォンジン　ズュイ　グゥラオ　ダ　スーミアオ

❹ 我 幫 妳 照。〈写真を撮ってあげます。〉
Wǒ bāng nǐ zhào.
ウオ　バン　ニイ　ヂャオ

❺ 右邊 是 風神。／左邊 是 雷神。〈右側が風神。／左側が雷神。〉
Yòubiān shì Fēngshén.／Zuǒbiān shì Léishén.
ヨウビエン　シー　フォンシェン／ズオビエン　シー　レイシェン

❻ 這裡 有 很 多 美食 和 紀念品店。〈ここはたくさんの美味しい食べ物屋や土産店があります。〉
Zhèlǐ　yǒu hěn duō měishí hé　　jìniànpǐndiàn.
ヂョーリ　ヨウ　ヘン　ドゥオ　メイシー　ハン　ジィニエンピンディエン

❼ 那家 是 人形燒 的 老牌店。〈あの店は人形焼きの老舗です。〉
Nàjiā　　shì rénxíngshāo de　lǎopáidiàn.
ナージィア　シー　ルェンシンシァオ　ダ　ラオパイディエン

❽ 裡面 包 豆沙。／妳 要 嚐嚐 嗎？〈中身はさらしあんです。／ちょっと食べてみますか？〉
Lǐmiàn bāo dòushā.／Nǐ yào chángcháng ma?
リミエン　バオ　ドウシャー／ニイ　ヤオ　チャンチャン　マ

❾ 現做 的。〈作りたてです。〉
Xiànzuò de.
シェンズオ　ダ

❿ 進了 那個 門 就是 本堂。〈あの門をくぐると本堂です。〉
Jìn le nàge mén jiùshì běntáng.
ジン　ラ　ナーゴォ　メン　ジョウシー　ベンタン

⓫ 那 是 五重塔。〈あれは五重の塔です。〉
Nà shì　wǔchóngtǎ.
ナー　シー　ウーチォンター

⓬ 把 煙 撥向 自己。〈煙を浴びます。〉
Bǎ yān bōxiàng　zìjǐ.
バ　イエン　ボーシアン　ズージィ

第3話 「甘味処」でおもてなし 漫画会話（29頁～36頁）より

⑬ 抹茶 附 的 和風 小甜點。〈抹茶には和菓子がついてきます。〉
　 Mòchá　fù　de　héfēng　xiǎotiándiǎn.
　 モーチャー　フゥ　ダ　ホーフォン　シアオティエンディエン

⑭ 有點 苦。〈少しにがいです。〉
　 Yǒudiǎn　kǔ.
　 ヨウディエン　クゥ

⑮ 抹茶 含 有 各種 維他命。／有 減肥 效果。〈抹茶は様々なビタミンを含み、ダイエット効果も。〉
　 Mòchá　hán　yǒu　gèzhǒng　wéitāmìng.／Yǒu　jiǎnféi　xiàoguǒ.
　 モーチャー　ハン　ヨウ　ゴォヂョォン　ウエイターミン／ヨウ　ジエンフェイ　シアオグオ

⑯ 聽說 日式鬆餅 很 棒。／妳 想 吃 嗎？〈日本のパンケーキは絶品と聞いた。／食べたい？〉
　 Tīngshuō　Rìshì　sōngbǐng　hěn　bàng.／Nǐ　xiǎng　chī　ma?
　 ティンシュオ　ルイシー　ソォンビン　ヘン　バン／ニイ　シアン　チー　マ

⑰ 把 糖漿 倒在 鬆餅 上 吃。〈シロップをパンケーキの上にかけて食べます。〉
　 Bǎ　tángjiāng　dàozài　sōngbǐng　shàng　chī.
　 バ　タンジアン　ダオザイ　ソォンビン　シャン　チー

⑱ 吃 夠 了 嗎？〈満足しましたか？〉
　 Chī　gòu　le　ma?
　 チー　ゴウ　ラ　マ

⑲ 關東 叫 銅鑼燒。／關西 叫 三笠燒。〈関東ではどら焼き、関西では三笠燒といいます。〉
　 Guāndōng　jiào　tóngluóshāo.／Guānxī　jiào　sānlìshāo.
　 グアンドォン　ジアオ　トォンルオシァオ／グアンシィ　ジアオ　サンリーシァオ

⑳ 還 要 再 挑戰 別的 甜點 嗎？〈まだほかに食べたいデザートはありますか？〉
　 Hái　yào　zài　tiǎozhàn　biéde　tiándiǎn　ma?
　 ハイ　ヤオ　ザイ　ティアオヂャン　ビエダ　ティエンディエン　マ

㉑ 我們 坐巴士 去 車站 吧。〈バスに乗って駅まで行きましょう。〉
　 Wǒmen　zuò　bāshì　qù　chēzhàn　ba.
　 ウオメン　ズオ　バーシー　チュイ　チョーヂャン　バ

㉒ 不坐。／妳 要 坐 計程車 嗎？〈乗りません。／タクシーに乗りたいですか？〉
　 Bú　zuò.／Nǐ　yào　zuò　jìchéngchē　ma?
　 ブゥズオ／ニイ　ヤオ　ズオ　ジィチェンチョー　マ

㉓ 直走 就 可以 到 車站。〈まっすぐ行くと駅に着きます。〉
　 Zhízǒu　jiù　kěyǐ　dào　chēzhàn.
　 ヂーズオ　ジョウ　コイー　ダオ　チョーヂャン

㉔ 走得太快 了～。／還 我 苗條！〈歩くの速すぎ～。／スマートなスタイルを返して！〉
　 Zǒudetàikuài　le.／Huán　wǒ　miáotiáo.
　 ゾウダタイクアイ　ラ／ホアン　ウオ　ミアオティアオ

発音してみよう！

❶ 我們 去 吃 刨冰 吧〜。〈かき氷食べに行きましょう。〉
Wǒmen qù chī bàobīng ba.
ウオメン チュイ チー バオビン バ

❷ 妳 怎麼 了？〈どうしましたか？〉
Nǐ zěnme le?
ニイ ゼンモ ラ

❸ 好！／我 帶 妳 去。〈わかりました！／案内します。〉
Hǎo.／Wǒ dài nǐ qù.
ハオ／ウオ ダイ ニイ チュイ

❹ 好久 沒 來 了〜。〈久しぶり〜。〉
Hǎojiǔ méi lái le.
ハオジョウ メイ ライ ラ

❺ 愛吃 還 怕 不好意思。〈食べたいくせに、恥ずかしいのね。〉
Ài chī hái pà bùhǎoyìsi.
アイ チー ハイ パー ブゥハオイース

❻ 妳 想 吃 什麼 就 吃 什麼。〈食べたい物をなんでも食べてください。〉
Nǐ xiǎng chī shénme jiù chī shénme.
ニイ シアン チー シェンモ ジョウ チー シェンモ

❼ 妳 沒 喝過 抹茶 嗎？〈抹茶は飲んだことないですか？〉
Nǐ méi hēguò mòchá ma?
ニイ メイ ホーグオ モーチャー マ

❽ 百聞 不如 一見。〈百聞は一見に如かず。〉
Bǎiwén bùrú yíjiàn.
バイウエン ブゥルゥ イージエン

❾ 「餡蜜」有 紅豆沙「蜜豆」沒有 紅豆沙。〈「あんみつ」はあん入り、「みつ豆」はあんなし。〉
Xiànmì yǒu hóngdòushā mìdòu méiyǒu hóngdòushā.
シエンミー ヨウ ホォンドウシャー ミードウ メイヨウ ホォンドウシャー

❿ 把 黑蜜 倒上去。〈黒蜜をかけます。〉
Bǎ hēimì dàoshàngqù.
バ ヘイミー ダオシャンチュイ

⓫ 這 是 蒟蒻 嗎？／不是。／是 洋菜。〈これはこんにゃく？／違います。／寒天です。〉
Zhè shì jǔruò ma?／Búshì.／Shì yángcài.
ヂョー シー ジュルゥオ マ／ブゥシー／シー ヤンツァイ

⓬ 皮 QQ 嫩嫩。／味道 酸酸甜甜。〈皮がもちもち。／味は甘酸っぱいですね。〉
Pí QQ nènnèn.／Wèidào suānsuāntiántián.
ピー QQ ネンネン／ウエイダオ スワンスワンティエンティエン

● 165 ●

第4話 「浴衣と下駄」でおもてなし 漫画会話（39頁～46頁）より

⑬ 藤花。／子孫滿堂。〈藤の花。／子孫繁栄。〉
　Ténghuā.／Zǐsūnmǎntáng.
　トェンホア　／　ズースンマンタン

⑭ 蝴蝶 代表 不老不死。／這件 怎麼樣？〈チョウは不老不死を表します。／これはどう？〉
　Húdié dàibiǎo bùlǎobùsǐ.／Zhèjiàn zěnmeyàng?
　フゥディエ ダイビアオ ブゥラオブゥスー／ヂョージエン ゼンモヤン

⑮ 金魚 代表 幸福富裕。〈金魚は幸福、豊かさを表しています。〉
　Jīnyú dàibiǎo xìngfúfùyù.
　ジンユィ ダイビアオ シンフゥフゥユイ

⑯ 配 這條 浴衣帶 怎麼樣？〈この帯を合わせたらどうですか？〉
　Pèi zhètiáo yùyīdài zěnmeyàng?
　ペイ ヂョーティアオ ユィイーダイ ゼンモヤン

⑰ 試穿 看看 吧。〈試着してみたら。〉
　Shìchuān kànkàn ba.
　ジーチョアン カンカン バ

⑱ 右領 在 下 左領 在 上。〈右襟を下にして左襟を上にします。〉
　Yòulǐng zài xià zuǒlǐng zài shàng.
　ヨウリン ザァイ シア ズオリン ザァイ シャン

⑲ 她 可以 幫 妳 穿。〈彼女が着るのを手伝ってくれます。〉
　Tā kěyǐ bāng nǐ chuān.
　ター コォイー バン ニィ チョアン

⑳ 妳 穿 浴衣 很 可愛。〈浴衣姿がかわいいですね。〉
　Nǐ chuān yùyī hěn kě'ài.
　ニィ チョアン ユィイー ヘン コォアイ

㉑ 配 這個 髮飾 怎麼樣？〈この髪飾りを合わせたらどう？〉
　Pèi zhège fǎshì zěnmeyàng?
　ペイ ヂョーゴォ ファシー ゼンモヤン

㉒ 好像 公主 吧～〈まるでお姫様みた～い〉
　Hǎoxiàng gōngzhǔ ba~
　ハオシアン ゴォンヂュー バ

㉓ 買 整套 比較 便宜。〈セットで買うと割安ですよ。〉
　Mǎi zhěngtào bǐjiào piányí.
　マイ ヂェンタオ ビージアオ ピエンイー

㉔ 還是「老王賣瓜 自賣自誇」。〈やっぱり「自画自賛」。〉
　Háishì LǎoWángmàiguā zìmàizìkuā.
　ハイシー ラオワンマイグア ズーマイズークア

発音してみよう！

❶ 好 可愛 的 木屐。〈とてもかわいい下駄です。〉
Hǎo kě'ài de mùjī.
ハオ コァアイ ダ ムゥジィ

❷ 「木屐」日文 叫「GETA」。〈「木屐」は日本語で「下駄」といいます。〉
Mùjī Rìwén jiào GETA.
ムゥジィ ルイウエン ジアオ「GETA」

❸ 木屐帶 古色古香。〈鼻緒には旧い時代の趣があります。〉
Mùjīdài gǔsègǔxiāng.
ムゥジィダイ グゥソォグゥシアン

❹ 要不要 試穿 看看。〈試しに履いてみますか？〉
Yàobúyào shìchuān kànkàn.
ヤオブゥヤオ シーチョアン カンカン

❺ 木屐 要 搭配 浴衣 才 好看。〈下駄は浴衣と合わせるといいですよ。〉
Mùjī yào dāpèi yùyī cái hǎokàn.
ムゥジィ ヤオ ダーペイ ユィイー ツァイ ハオカン

❻ 「浴衣」日文 叫「YUKATA」。〈「浴衣」は日本語で「YUKATA」といいます。〉
Yùyī Rìwén jiào YUKATA.
「ユィイー」ルイウエン ジアオ「YUKATA」

❼ 夏天 的 煙火 大會 常 看得到 浴衣。〈夏の花火大会ではよく浴衣を見かけます。〉
Xiàtiān de yānhuǒ dàhuì cháng kàndedào yùyī.
シアティエン ダ イエンフオ ダーホェイ チャン カンダダオ ユィイー

❽ 去 百貨公司 看看 吧。〈デパートに行ってちょっと見てみましょう。〉
Qù bǎihuògōngsī kànkàn ba.
チュイ バイフオゴォンスー カンカン バ

❾ 在 拍賣。〈セール中です。〉
Zài pāimài.
ザァイ パイマイ

❿ 妳 喜歡 什麼 花樣？／粉紅色 的 櫻花。〈どんな模様が好き？／ピンク色の桜の花。〉
Nǐ xǐhuān shénme huāyàng？／Fěnhóngsè de yīnghuā.
ニイ シィホアン シェンモ ホアヤン ／フェンホォンソォ ダ インホア

⓫ 櫻花 代表 萬事之始。〈桜は万物の始まりを表わしています。〉
Yīnghuā dàibiǎo wànshìzhīshǐ.
インホア ダイビアオ ワンシーヂーシー

⓬ 這件 呢？／牽牛花。／愛情。〈これは？／朝顔。／愛情。〉
Zhèjiàn ne？／Qiānniúhuā.／Àiqíng.
ヂョージエン ナ ／チエンニォウホア／アイチン

第5話 「天ぷら」でおもてなし 漫画会話（49頁～56頁）より

⑬ 鱚魚 很 鬆軟～。〈キスがやわらか～い。〉
Xīyú hěn sōngruǎn.
シィユイ ヘン ソォンルゥワン

⑭ B 套餐 好 了。〈B定食できあがり。〉
B tàocān hǎo le.
B タオツァン ハオ ラ

⑮ 接下來 是…。〈次は…。〉
Jiēxiàlái shì….
ジエシアライ シー

⑯ 星鰻。〈アナゴです。〉
Xīngmàn.
シンマン

⑰ 超酥脆。〈すごくサクサクです。〉
Chāosūcuì.
チャオスゥツェイ

⑱ 蓮藕。／蘆筍。〈レンコン。／アスパラ。〉
Lián'ǒu.／Lúsǔn.
リエンオウ／ルゥスン

⑲ 南瓜。〈カボチャ。〉
Nánguā.
ナングア

⑳ 南瓜 要 慢慢地 炸。〈カボチャはゆっくり揚げなければなりません。〉
Nánguā yào mànmàndi zhà.
ナングア ヤオ マンマンディ ヂャー

㉑ 這 是 最後 一道 菜。〈これが最後の一品です。〉
Zhè shì zuìhòu yídào cài.
ヂョ シー ズェイホウ イーダオ ツァイ

㉒ 好吃 吧。／太 棒 了～。〈おいしいでしょ。／すばらしい～。〉
Hǎochī ba.／Tài bàng le.
ハオチー バ／タイ バン ラ

㉓ 碗底朝天！。〈完食です！〉
Wǎndǐcháotiān.
ワンディチャオティエン

㉔ 讚!!／歡迎 再 來～。〈ブラボー!!／また来てね～。〉
Zàn.／Huānyíng zài lái.
ザン／ホアンイン ザァイ ライ

168

発音してみよう！

❶ 肚子 餓 了 嗎？〈お腹すきましたか？〉
　Dùzi　è　le ma?
　ドゥズ オァ ラ マ

❷ 妳 想 吃 天婦羅 嗎？〈天ぷら食べたいですか？〉
　Nǐ xiǎng chī　tiānfùluó　ma?
　ニイ シアン チー ティエンフゥルオ マ

❸ 妳 想 吃 A 套餐 還是 B 套餐？〈A定食にしますか、それともB定食にしますか？〉
　Nǐ xiǎng chī A tàocān háishì B tàocān?
　ニイ シアン チー A タオツァン ハイシー B タオツァン

❹ 現 炸。／一個一個地 上。〈揚げたてです。／ひとつひとつ出してくれます。〉
　Xiàn zhà.／ Yígeyígedi　shàng.
　シエン ヂャー／イーゴォイーゴォディ シャン

❺ 炸好 了。〈揚がったよ。〉
　Zhàhǎo le.
　ヂャーハオ ラ

❻ 撒 鹽 吃 比較 好吃。〈塩をふって食べた方がおいしいです。〉
　Sǎ yán chī bǐjiào hǎochī.
　サー イエン チー ビージアオ ハオチー

❼ 又 鮮 又 甜〜。〈新鮮で甘〜い。〉
　Yòu xiān yòu tián.
　ヨウ シエン ヨウ ティエン

❽ 撒 鹽 吃 可以 吃得出 食材 的 原味。〈塩をふって食べると食材本来の味が引き出せるんです。〉
　Sǎ yán chī kěyǐ chīdechū shícái de yuánwèi.
　サー イエン チー コォイー チーダチュー シーツァイ ダ ユエンウエイ

❾ 這 是 鱚魚。〈これはキスです。〉
　Zhè shì xǐyú.
　ヂョー シー シィユィ

❿ 每 一個 天婦羅 的 炸法 都 不一樣。〈天ぷらの揚げ方はひとつひとつ違います。〉
　Měi yíge　tiānfùluó de zhàfǎ dōu bùyíyàng.
　メイ イーコォ ティエンフゥルオ ダ ヂャーファ ドウ ブゥイーヤン

⓫ 炸好 了。／沾 這個 吃 也 可以。〈揚がったよ。／これにつけて食べてもいいです。〉
　Zhàhǎo le.／Zhān zhège chī yě kěyǐ.
　ヂャーハオ ラ ／ヂャン ヂョーゴォ チー イエ コォイー

⓬ 麵衣 很 酥脆〜。〈コロモがサクサク〜。〉
　Miànyī hěn sūcuì.
　ミエンイー ヘン スゥツェイ

第6話 「スーパーマーケット」でおもてなし 漫画会話 (59頁〜66頁) より

⑬ 素 泡麵 嗎？〈ベジのインスタントラーメンですか？〉
Sù pàomiàn ma?
スゥ パオミエン マ

⑭ 現在 是 打折 的 時間。〈今値引きの時間です。〉
Xiànzài shì dǎzhé de shíjiān.
シエンザイ シー ダーヂョー ダ シージエン

⑮ 當天 要 賣完 所以 開始 打折 了。〈当日売り切りたいので値引きします。〉
Dāngtiān yào màiwán suǒyǐ kāishǐ dǎzhé le.
ダンティエン ヤオ マイワン スオイ カイシ ダーヂョー ラ

⑯ 這裡 的 東西 都 打 半折 了。〈これらはすべて半額です。〉
Zhèlǐ de dōngxī dōu dǎ bànzhé le.
ヂョーリ ダ ドンシィ ドゥ ダー バンヂョー ラ

⑰ 這個 炒麵 才 一百 塊錢〜。〈この焼きそばたったの100円で〜す。〉
Zhège chǎomiàn cái yìbǎi kuàiqián.
ヂョーゴォ チャオミエン ツァイ イーバイ クアイチエン

⑱ 好像 臺灣 的「買一送一」。〈台湾の「買一送一」みたいです。〉
Hǎoxiàng Táiwān de mǎiyīsòngyī.
ハオシアン タイワン ダ マイイーソォンイー

⑲ 妳 要 買 什麼？／炸 馬鈴薯泥。〈何を買いますか？／コロッケ。〉
Nǐ yào mǎi shénme?／Zhà mǎlíngshǔní.
ニィ ヤオ マイ シェンモ／ヂャー マーリンシュニィ

⑳ 地瓜天婦羅。下酒菜。〈さつまいもの天ぷら。／酒のつまみです。〉
Dìguā tiānfùluó.／Xiàjiǔcài.
ディグア ティエンフゥルオ／シアジョウツァイ

㉑ 只 有 百分之二十五 糖份 的 啤酒。〈糖質75%オフのビールです。〉
Zhǐ yǒu bǎifēnzhī èrshíwǔ tángfèn de píjiǔ.
ヂー ヨウ バイフェンヂ アルシーウー タンフォン ダ ピージョウ

㉒ 好！／走 吧！／乾杯。〈いいですよ！／行きましょう！／カンパイ〜。〉
Hǎo.／Zǒu ba.／Gānbēi.
ハオ／ゾォウ バ／ガンベイ

㉓ 又 便宜〜 又 好吃〜。〈安くて〜おいしい〜。〉
Yòu piányí yòu hǎochī.
ヨウ ピエンイー ヨウ ハオチー

㉔ 好 主意〜。〈グッドアイデア〜。〉
Hǎo zhǔyì.
ハオ ヂュイー

発音してみよう！

❶ 去超市買吧。〈スーパーに行って買いましょう。〉
Qù chāoshì mǎi ba.
チュイ チャオシー マイ バ

❷ 妳敢吃納豆嗎？〈納豆食べられますか？〉
Nǐ gǎn chī nàdòu ma?
ニイ ガン チー ナードウ マ

❸ 日本人很喜歡吃納豆。〈日本人は納豆が好きです。〉
Rìběnrén hěn xǐhuān chī nàdòu.
ルイベンレェン ヘン シィホアン チー ナードウ

❹ 妳要不要吃？／不要。〈食べますか？／いりません。〉
Nǐ yàobúyào chī?／Búyào.
ニイ ヤオブゥヤオ チー ／ブゥヤオ

❺ 妳在找什麼？〈何を探していますか？〉
Nǐ zài zhǎo shénme?
ニイ ザァイ ヂャオ シェンモ

❻ 這裡有。／抹茶巧克力。〈ここにありますよ。／抹茶チョコレート。〉
Zhèlǐ yǒu.／Mòchá qiǎokèlì.
ヂョーリ ヨウ／モーチャー チアオコォリ

❼ 薯條呢？〈ポテトスティックは？〉
Shǔtiáo ne?
シュティアオ ナ

❽ 妳要哪種口味？〈どの味にしますか？〉
Nǐ yào nǎ zhǒng kǒuwèi?
ニイ ヤオ ナー ヂョォン コウウエイ

❾ 有「沙拉」「奶油」「起士」。〈サラダ、バター、チーズ味があります。〉
Yǒu shālā nǎiyóu qǐshì.
ヨウ シャラー ナイヨウ チィシー

❿ 這些都是泡麵。〈これらは全部インスタントラーメンです。〉
Zhèxiē dōu shì pàomiàn.
ヂョーシエ ドウ シー パオミエン

⓫ 有「味噌」「鹽」「醬油」和「豬排骨湯」。〈「味噌」「塩」「しょう油」と「とん骨」があります。〉
Yǒu wèicēng yán jiàngyóu hàn zhūpáigǔtāng.
ヨウ ウエイツゥン イエン ジアンヨウ ハン デューパイグゥタン

⓬ 這是我最愛吃的豆皮烏龍麵。〈これは私のいちばんお気に入りのきつねうどんです。〉
Zhèshì wǒ zuì ài chī de dòupí wūlóngmiàn.
ヂョーシー ウオ ズェイ アイ チー ダ ドウピー ウーロォンミエン

171

第7話 「おそば屋さん」でおもてなし 漫画会話（69頁〜76頁）より

⑬ 蕎麥麵 有 滑溜 的 喉感。〈おそばは喉で味わいます。〉
Qiáomàimiàn yǒu huáliū de hóugǎn.
チアオマイミエン ヨウ ホアリョウ ダ ホウガン

⑭ 再來 一份 嗎？〈もう一人前どうですか？〉
Zài lái yífèn ma?
ザイ ライ イーフェン マ

⑮ 煮 蕎麥麵 後 留下來 的 原湯。〈おそばをゆでたあとのお湯です。〉
Zhǔ qiáomàimiàn hòu liúxiàlái de yuántāng.
ヂュ チアオマイミエン ホウ リョウシアライ ダ ユエンタン

⑯ 把 原湯 倒到 醬汁碗 裡 喝。〈そば湯をそばつゆの器に入れて飲みます。〉
Bǎ yuántāng dàodào jiàngzhīwǎn lǐ hē.
バ ユエンタン ダオダオ ジアンヂーワン リ ホー

⑰ 原湯 很 有 營養。〈そば湯にはとても栄養があります。〉
Yuántāng hěn yǒu yíngyǎng.
ユエンタン ヘン ヨウ インヤン

⑱ 怎麼樣？／馬馬虎虎。〈どうですか？／まあまあ。〉
Zěnmeyàng?／ Mǎmǎhūhū.
ゼィモヤン　／マーマーフゥフゥ

⑲ 這家 蕎麥麵店 要 站著 吃。〈このおそば屋さんでは、立って食べます。〉
Zhèjiā qiáomàimiàndiàn yào zhànzhe chī.
ヂョージィア チアオマイミエンディエン ヤオ ヂャンヂョ チー

⑳ 又 便宜 又 好吃。〈安くておいしいです。〉
Yòu piányí yòu hǎochī.
ヨウ ピエンイー ヨウ ハオチー

㉑ 炸 馬鈴薯泥 蕎麥麵。〈コロッケそばです。〉
Zhà mǎlíngshǔní qiáomàimiàn.
ヂャー マリンシュニイ チアオマイミエン

㉒ 妳 要不要 吃？〈食べますか？〉
Nǐ yàobúyào chī?
ニイ ヤオブヤオ チー

㉓ 麵 只要 再 燙 一下 就 可以 吃 了。〈麺はちょっとお湯に通すだけで食べられます。〉
Miàn zhǐyào zài tàng yíxià jiù kěyǐ chī le.
ミエン ヂーヤオ ザァイ タン イーシア ジョウ コォイー チー ラ

㉔ 多汁〜。〈ジューシ〜。〉
Duōzhī.
ドゥオヂー

発音してみよう！

❶ 這家的蕎麥麵很好吃。〈この店のおそばはおいしいですよ。〉
Zhèjiā de qiáomàimiàn hěn hǎochī.
ヂョージィア ダ チアオマイミエン ヘン ハオチー

❷ 妳吃過蕎麥麵嗎？／沒有。〈おそばを食べたことはありますか？／ありません。〉
Nǐ chīguò qiáomàimiàn ma?／Méiyǒu.
ニイ チーグオ チアオマイミエン マ ／ メイヨウ

❸ 有涼麵也有湯麵。〈冷たい麺と温かい麺があります。〉
Yǒu liángmiàn yě yǒu tāngmiàn.
ヨウ リアンミエン イエ ヨウ タンミエン

❹ 我喜歡吃涼麵。／叫「せいろそば」。〈私は冷たい麺が好き。／「せいろそば」ね。〉
Wǒ xǐhuān chī liángmiàn／Jiào「せいろそば」.
ウオ シィホアン チー リアンミエン／ジアオ「せいろそば」

❺ 只有蕎麥麵。〈おそばだけです。〉
Zhǐ yǒu qiáomàimiàn.
ヂー ヨウ チアオマイミエン

❻ 可以享用蕎麥麵的原味。〈おそば本来の味を楽しめます。〉
Kěyǐ xiǎngyòng qiáomàimiàn de yuánwèi.
コォイー シアンヨン チアオマイミエン ダ ユエンウエイ

❼ 這家的蕎麥麵是手擀的。〈この店のおそばは手打ちです。〉
Zhèjiā de qiáomàimiàn shì shǒugǎn de.
ヂョージィア ダ チアオマイミエン シー ショウガン ダ

❽ 蕎麥麵的口感最重要。〈おそばは食感が最も大事です。〉
Qiáomàimiàn de kǒugǎn zuì zhòngyào.
チアオマイミエン ダ コウガン ズェイ ヂョンヤオ

❾ 哇沙米？〈ワサビ？〉
Wāshāmǐ?
ワシャーミー

❿ 先把沾汁倒在醬汁碗裡。〈まず、つゆをそばつゆ用の器に入れます。〉
Xiān bǎ zhānzhī dàozài jiànzhīwǎn lǐ.
シエン バ ヂャンヂー ダオザァイ ジアンヂーワン リ

⓫ 只要沾下一半就可以了。〈下半分だけつければいいです。〉
Zhǐyào zhān xiàyíbàn jiù kěyǐ le.
ヂーヤオ ヂャン シアイーバン ジォウ コォイー ラ

⓬ 邊吸邊吃。〈すすりながら食べます。〉
Biān xī biān chī.
ビエン シィ ビエン チー

第 8 話 ●「デパ地下」でおもてなし 漫画会話（79頁〜86頁）より

⑬ 可愛 得 捨不得 吃〜。〈かわいくて食べるのがもったいな〜い。〉
Kě'ài de shěbùdé chī.
コアイダ ショブゥダ チー

⑭ 這些 都 是 有機 便當。〈これらはみんなオーガニック（有機）素材のお弁当です。〉
Zhèxiē dōu shì yǒujī biàndāng.
ヂョーシエ ドゥ シー ヨウジイ ビエンダン

⑮ 有機 對 環保 很 好。〈オーガニックは地球環境にもいいです。〉
Yǒujī duì huánbǎo hěn hǎo.
ヨウジイ ドェイ ホアンバオ ヘン ハオ

⑯ 只 有 鹽。／叫 鹽 飯糰。〈塩だけです。／塩むすびといいます。〉
Zhǐ yǒu yán.／Jiào yán fàntuán.
ヂー ヨウ イエン／ジアオ イエン ファントアン

⑰ 日本人 喜歡 高級 飯。〈日本人は高級米が好きです。〉
Rìběnrén xǐhuān gāojí fàn.
ルィベンレン シィホアン ガオジィ ファン

⑱ 可以 嚐得出 飯 的 原味。〈ご飯本来の味を味わうことができます。〉
Kěyǐ chándechū fàn de yuánwèi.
コォイー チャンダチュー ファン ダ ユエンウェイ

⑲ 妳 要 嚐嚐看 嗎？〈試してみますか？〉
Nǐ yào chángchángkàn ma?
ニイ ヤオ チャンチャンカン マ

⑳ 這裡 沒有 地方 吃。〈ここには食べるところはありません。〉
Zhèlǐ méiyǒu dìfāng chī.
ヂョーリ メイヨウ ディファン チー

㉑ 帶 回家 吃。〈家に持ち帰って食べます。〉
Dài huíjiā chī.
ダイ ホェイジィア チー

㉒ 可以 到 公園 去 吃。〈公園に行って食べてもいいですね。〉
Kěyǐ dào gōngyuán qù chī.
コォイー ダオ ゴォンユエン チュイ チー

㉓ 我 給 妳 買 的 酸梅。〈あなたに梅干しを買ってきてあげました。〉
Wǒ gěi nǐ mǎi de suānméi.
ウオ ゲイ ニイ マイ ダ スアンメイ

㉔ 不 會 很 酸。〈味がまろやかです。（酸っぱくないです。）〉
Bú huì hěn suān.
ブゥ ホェイ ヘン スアン

発音してみよう！

❶ 妳累了嗎？〈疲れましたか？〉
Nǐ lèi le ma?
ニイ レイ ラ マ

❷ 我們去百貨公司地下美食街逛逛吧！〈デパ地下に行ってぶらぶらしましょう。〉
Wǒmen qù bǎihuògōngsī dìxià měishíjiē guàngguàng ba.
ウオメン チュイ バイフオゴンスー ディシア メイシージエ グアングアン バ

❸ 這裡什麼都有呢。〈ここにはなんでもあります。〉
Zhèlǐ shénme dōu yǒu ne.
ヂョーリ シェンモ ドウ ヨウ ナ

❹ 這是什麼沙拉？／鮪魚酪梨沙拉。〈これはなんのサラダ？／マグロとアボカドのサラダ。〉
Zhè shì shénme shālā?／Wěiyú làolí shālā.
ヂョー シー シェンモ シャーラー／ウエイユィ ラオリー シャーラー

❺ 這些都是醬菜。〈ここにあるのは全部漬け物です。〉
Zhèxiē dōu shì jiàngcài.
ヂョーシエ ドゥオ シー ジアンツァイ

❻ 歐巴桑說可以嚐嚐看。〈おばさんが試食できると言っています。〉
Ōubāsāng shuō kěyǐ chángchángkàn.
オウバーサン シュオ コォイー チャンチャンカン

❼ 這是京都的醬菜。／叫「千枚漬」。〈これは京都の漬け物。／「千枚漬け」といいます。〉
Zhè shì Jīngdū de jiàngcài.／Jiào qiānméizì.
ヂョー シー ジンドゥ ダ ジアンツァイ／ジアオ チエンメイズー

❽ 這不是白蘿蔔是蕪菁。〈これは大根ではなく、カブです。〉
Zhè bú shì báiluóbō shì wújīng.
ヂョー ブゥ シー バイルオボー シー ウージン

❾ 這是米糠醬菜。／那是韓國泡菜。〈これはぬか漬け。／それはキムチです。〉
Zhè shì mǐkāng jiàngcài.／Nà shì Hánguópàocài.
ヂョー シー ミーカン ジアンツァイ／ナー シー ハングオパオツァイ

❿ 你看～。／那個櫃裡都是布丁。〈見て～。／そのケースの中は全部プリンです。〉
Nǐ kàn.／Nàge guì lǐ dōu shì bùdīng.
ニイ カン／ナーゴォ グエイ リ ドゥ シー ブゥディン

⓫ 今天真有眼福～。〈目の保養～。〉
Jīntiān zhēn yǒu yǎnfú.
ジンティエン ヂェン ヨウ イエンフウ

⓬ 這個櫃裡都是泡芙。〈このケースの中は全部シュークリームです。〉
Zhège guì lǐ dōu shì pàofú.
ヂョーゴォ グエイ リ ドゥ シー パオフウ

第9話 「居酒屋」でおもてなし 漫画会話 (89頁〜96頁) より

⑬ 生魚片 拼盤 吧。〈お刺身の盛り合わせにしましょう。〉
Shēngyúpiàn pīnpán ba.
ションユィピエン ピンパン バ

⑭ 手工 現做 的 豆腐。〈手作りできたて豆腐です。〉
Shǒugōng xiànzuò de dòufǔ.
ショウゴォン シエンズオ ダ ドウフゥ

⑮ 烤 雞串 有 雞肉 雞軟骨 雞肉丸。〈ヤキトリにはトリ肉、ナンコツ、ツクネがあります。〉
Kǎo jīchuàn yǒu jīròu jīruǎngǔ jīròuwán.
カオ ジィチョアン ヨウ ジィルオ ジィルゥワングゥ ジィルゥオワン

⑯ 沾 哇沙米 吃。〈わさびを使って食べてください。〉
Zhān wāshāmǐ chī.
ヂャン ワシャーミー チー

⑰ 這 是 白蘿蔔絲。/生魚片 的 配角。〈これは大根の細切りです。/お刺身の脇役です。〉
Zhè shì báiluóbōsī./Shēngyúpiàn de pèijiǎo.
ヂョー シー バイルオボスー/ションユィピエン ダ ペイジアオ

⑱ 可以 吃 嗎？/當然 可以 吃。〈食べられますか？/もちろん食べられます。〉
Kěyǐ chī ma?/Dāngrán kěyǐ chī.
コォイー チー マ/ダンルァン コォイー チー

⑲ 妳 想 喝 什麼？/日本 清酒。〈何を飲みますか？/日本酒。〉
Nǐ xiǎng hē shénme?/Rìběn qīngjiǔ.
ニィ シアン ホー シェンモ/ルィベン チンジョウ

⑳ 冷的 還是 温的？〈冷たいの、それとも温かいのにする？〉
Lěngde háishì wēnde?
レンダ ハイシー ウエンダ

㉑ 烤 香菇 跟 烤 葱。〈シイタケ焼きとネギ焼きです。〉
Kǎo xiānggū gēn kǎo cōng.
カオ シアングゥ ゲン カオ ツォン

㉒ 先 撒 鹽 吃。/可以 吃出 豆腐 的 原味。〈先に塩をふって。/豆腐本来の味が味わえるよ。〉
Xiān sǎ yán chī./Kěyǐ chīchū dòufǔ de yuánwèi.
シエン サー イエン チー/コォイー チーチュー ドウフゥダ ユエンウエイ

㉓ 酒足 菜飽〜。〈酒も料理も満足した〜。〉
Jiǔzú càibǎo.
ジョウズゥ ツァイバオ

㉔ 好 啊！/那, 下次 再 來 吧〜。〈いいですよ！/じゃあ、また来ましょう〜。〉
Hǎo a./Nà, xiàcì zài lái ba.
ハオ ア/ナー シアツー ザァイ ライ バ

発音してみよう！

❶ 可以 邊 吃 邊 喝 邊 聊天。〈食べながら飲んでおしゃべりできます。〉
Kěyǐ biān chī biān hē biān liáotiān.
コォイー ビエン チー ビエン ホー ビエン リアオティエン

❷ 請 用 濕手巾。〈おしぼりをどうぞ。〉
Qǐng yòng shīshǒujīn.
チン ヨン シーショウジン

❸ 來 居酒屋 的 上班族 比較 多。〈居酒屋に来るのはサラリーマンが多いです。〉
Lái jūjiǔwū de shàngbānzú bǐjiào duō.
ライ ジュジョウウー ダ シャンバンズウ ビージアオ ドゥオ

❹ 他們 來 喝 酒 輕鬆 一下。〈彼らは息抜きをしにお酒を飲みにきます。〉
Tāmen lái hē jiǔ qīngsōng yíxià.
ターメン ライ ホー ジョウ チンソォン イーシア

❺ 喝到飽？／吃到飽？〈飲み放題？／食べ放題？〉
Hēdàobǎo?／Chīdàobǎo?
ホーダオバオ／チーダオバオ

❻ 先 叫 生啤 好 嗎？〈まず生ビールを頼んでいいですか？〉
Xiān jiào shēngpí hǎo ma?
シエン ジアオ ションピー ハオ マ

❼ 先 用 啤酒 乾杯 是 居酒屋 的 習慣。〈まずビールで乾杯するのが居酒屋での習慣です。〉
Xiān yòng píjiǔ gānbēi shì jūjiǔwū de xíguàn.
シエン ヨン ビージョウ ガンベイ シー ジュジョウウー ダ シィグアン

❽ 毛豆 含 有 很 多 維他命 B 群。〈枝豆はたくさんのビタミンB群を含んでいます。〉
Máodòu hán yǒu hěn duō wéitāmìng B qún.
マオドウ ハン ヨウ ヘン ドゥオ ウエイターミン Bチュン

❾ 吃 了 毛豆 以後 不 容易 宿醉。〈枝豆を食べると二日酔いになりにくいです。〉
Chī le máodòu yǐhòu bù róngyì sùzuì.
チー ラ マオドウ イーホウ ブゥルウォンイー スゥズエイ

❿ 我 在 居酒屋 喝酒 一定 要 點 毛豆。〈私は居酒屋さんでは必ず枝豆を注文します。〉
Wǒ zài jūjiǔwū hē jiǔ yídìng yào diǎn máodòu.
ウオ ザァイ ジュジョウウー ホー ジョウ イーディン ヤオ ディエン マオドウ

⓫ 毛豆 又 便宜 又 好吃。〈枝豆は安くておいしいです。〉
Máodòu yòu piányí yòu hǎochī.
マオドウ ヨウ ビエンイ ヨウ ハオチー

⓬ 妳 想 點 什麼？〈何を注文しますか？〉
Nǐ xiǎng diǎn shénme?
ニイ シアン ディエン シェンモ

第10話 「ラーメン」でおもてなし 漫画会話（99頁〜106頁）より

⑬ 把 麵條 吸進 嘴 裡。〈麺をすすって食べます。〉
　　Bǎ miàntiáo xījìn zuǐ lǐ.
　　バ ミエンティアオ シィジン ズェイ リ

⑭ 煎餃 來 了。〈焼き餃子が来ました。〉
　　Jiānjiǎo lái le.
　　ジエンジアオ ライ ラ

⑮ 沾 醬油、辣油、醋 吃。〈しょう油とラー油、酢をつけて食べます。〉
　　Zhān jiàngyóu làyóu cù chī.
　　ヂャン ジアンヨウ ラーヨウ ツゥ チー

⑯ 皮感 酥脆。〈皮がぱりぱりです。〉
　　Pígǎn sūcuì.
　　ピーガン スゥツェイ

⑰ 我們 進去 吧。〈中に入りましょう。〉
　　Wǒmen jìnqù ba.
　　ウオメン ジンチュイ バ

⑱ 只 有 櫃檯。〈カウンターだけです。〉
　　Zhǐ yǒu guìtái.
　　ヂー ヨウ グェイタイ

⑲ 味噌 奶油 玉米 拉麵 是 招牌麵。〈味噌バターコーンラーメンが看板メニューです。〉
　　Wèicēng nǎiyóu yùmǐ lāmiàn shì zhāopáimiàn.
　　ウエイツゥン ナイヨウ ユィミー ラーミエン シー ヂャオパイミエン

⑳ 奶油 好 大 啊！〈バターが大きい！〉
　　Nǎiyóu hǎo dà ā.
　　ナイヨウ ハオ ダ ア

㉑ 高湯 濃厚〜。〈スープが濃厚〜。〉
　　Gāotāng nónghòu.
　　ガオタン ノォンホウ

㉒ 粗麵。〈太麺です。〉
　　Cūmiàn.
　　ツゥミエン

㉓ 湯 很 濃厚 所以 用 粗麵 比較 好。〈濃厚なスープには太麺が合います。〉
　　Tāng hěn nónghòu suǒyǐ yòng cūmiàn bǐjiào hǎo.
　　タン ヘン ノォンホウ スオイー ヨン ツゥミエン ビージアオ ハオ

㉔ 麵 很 有 嚼勁〜。〈麺に歯ごたえがありますね〜。〉
　　Miàn hěn yǒu jiáojìn.
　　ミエン ヘン ヨウ ジアオジン

発音してみよう！

❶ 這家 店 有 古早味 的 日式 拉麵。〈この店には昔ながらの味の日本のラーメンがあります。〉
Zhèjiā diàn yǒu kǔzǎowèi de Rìshì lāmiàn.
ヂョージィア ディエン ヨウ グゥザァオウエイ ダ ルィシー ラーミエン

❷ 和風 醬油 拉麵。〈和風しょう油ラーメンです。〉
Héfēng jiàngyóu lāmiàn.
ホーフォン ジアンヨウ ラーミエン

❸ 在 臺灣 一定 吃不到。〈台湾では絶対食べられません。〉
Zài Táiwān yídìng chībúdào.
ザァイ タイワン イーディン チーブゥダオ

❹ 值得 一吃。〈食べる価値があります。〉
Zhídé yìchī.
ヂーダ イーチー

❺ 也 點 煎餃 吧。〈焼き餃子も注文しましょう。〉
Yě diǎn jiānjiǎo ba.
イエ ディエン ジエンジアオ バ

❻ 日本人 吃 拉麵 時 喜歡 配 煎餃 吃。〈日本人はラーメンを食べるとき、焼き餃子を添えます。〉
Rìběnrén chī lāmiàn shí xǐhuān pèi jiānjiǎo chī.
ルィベンレェン チー ラーミエン シー シィホアン ペイ ジエンジアオ チー

❼ 看起來 很 素。〈見た感じシンプルです。〉
Kànqǐlái hěn sù.
カンチィライ ヘン スゥ

❽ 日文 叫「ナルトマキ」。〈日本語で「ナルトマキ」といいます。〉
Rìwén jiào「ナルトマキ」.
ルィウン ジアオ ナルトマキ

❾ 用 魚泥漿 做 的。〈魚のすり身で作っています。〉
Yòng yúníjiàng zuò de.
ヨン ウィニイジアン ズオ ダ

❿ 湯頭 很 清淡。〈スープがさっぱりしています。〉
Tāngtóu hěn qīngdàn.
タントウ ヘン チンダン

⓫ 所以 麵 要 用 細麵。〈だから麺は細麺を使っています。〉
Suǒyǐ miàn yào yòng xìmiàn.
スオイー ミエン ヤオ ヨン シィミエン

⓬ 湯頭 是 用 柴魚、魚乾、昆布 做 的。〈スープはカツオと煮干しと昆布を使っています。〉
Tāngtóu shì yòng cháiyú yúgān kūnbù zuò de.
タントウ シー ヨン チャイユィ ユィガン クゥンブゥ ズオ ダ

第11話 「温泉」でおもてなし 漫画会話 (109頁～116頁) より

⑬ 泡 以前 先 用 溫泉水 淋 一下 身體。〈浸かる前に温泉の湯を浴びてください。〉
Pào yǐqián xiān yòng wēnquánshuǐ lín yíxià shēntǐ.
パオ イーチエン シエン ヨン ウエンチュエンシェイ リン イーシア シェンディ

⑭ 讓 身體 適應 一下 溫泉水。〈体を温泉に慣らします。〉
Ràng shēntǐ shìyìng yíxià wēnquánshuǐ.
ルァン シェンディ シーイン イーシア ウエンチュエンシェイ

⑮ 慢慢地 泡入 浴池 裡。〈ゆっくり湯船に入ってください。〉
Mànmàndi pàorù yùchí lǐ.
マンマンディ パオルゥ ユィチー リ

⑯ 這裡 的 溫泉 能 消除 疲勞。〈この温泉は疲労回復にいいです。〉
Zhèlǐ de wēnquán néng xiāochú píláo.
ヂョーリ ダ ウエンチュエン ノン シアオチュー ピーラオ

⑰ 對 肌膚 也 很 好。／所以 叫 美人之湯。〈美肌にもいいの。／だから美人の湯というの。〉
Duì jīfū yě hěn hǎo.／Suǒyǐ jiào Měirénzhītāng.
ドェイ ジィフゥ イエ ヘン ハオ ／スオイー ジアオ メイルェンヂータン

⑱ 泡 太 久 不行。／會 暈池～。〈長く浸かりすぎはだめ。／のぼせるよ～。〉
Pào tài jiǔ bùxiáng.／Huì yūnchí.
パオ タイ ジョウ ブシン ／ホェイ ユンチー

⑲ 泡 五六 分 就 夠 了。〈5、6分浸かれば十分です。〉
Pào wǔliù fēn jiù gòu le.
パオ ウリョウ フェン ジョウ ゴウ ラ

⑳ 妳 休息 一下 吧。／我 去 泡 一下。〈ちょっと休んでいて。／私ちょっと浸かってきます〉
Nǐ xiūxí yíxià ba.／Wǒ qù pào yíxià.
ニイ ショウシィ イーシア バ ／ウオ チュイ パオ イーシア

㉑ 料理 準備 好 了～。〈料理の準備ができていますよ～。〉
Liàolǐ zhǔnbèi hǎo le.
リアオリ ヂュンベイ ハオ ラ

㉒ 芒芒 暈池 了～。她 泡 得 太 久 了。〈芒芒がのぼせた～。／彼女は長く浸かりすぎ。〉
Mángmáng yūnchí le.／Tā pàode tài jiǔ le.
マンマン ユンチー ラ ／ター パオ ダ タイ ジョウ ラ

㉓ 泡 溫泉 後 的 啤酒 最 好喝！〈温泉に浸かったあとのビールは最高です！〉
Pào wēnquán hòu de píjiǔ zuì hǎohē.
パオ ウエンチュエン ホウ ダ ピージョウ ズェイ ハオホー

㉔ 先 喝 牛奶 比較 好。〈先に牛乳飲んだほうがいいよ。〉
Xiān hē niúnǎi bǐjiào hǎo.
シエン ホー ニォウナイ ビージアオ ハオ

発音してみよう！

❶ 對不起～。／我遲到了～。〈ごめ～ん。／遅刻しました～。〉
Duìbùqǐ. ／Wǒ chídào le.
ドェイブチイ／ウオ チーダオ ラ

❷ 她是我朋友。／她叫鈴木花。〈彼女は私の友達。／鈴木花さんです。〉
Tā shì wǒ péngyǒu. ／Tā jiào Língmù Huā.
ター シー ウオ ペェンヨウ／ター ジアオ リンムゥ ホア

❸ 這是妳的對號車票。〈これがあなたの指定席券です。〉
Zhè shì nǐ de duìhào chēpiào.
ヂョー シー ニイ ダ ドェイハオ チョーピアオ

❹ 今天我們去貓谷溫泉。〈今日は猫谷温泉に行きます。〉
Jīntiān wǒmen qù Māogǔ wēnquán.
ジンティエン ウオメン チュイ マオグゥ ウエンチュエン

❺ 坐巴士去大概二十分就可以到。〈バスに乗って約20分で着きます。〉
Zuò bāshì qù dàgài èrshífēn jiù kěyǐ dào.
ズオ バーシー チュイ ダーガイ アルシーフェン ジョウ コォイー ダオ

❻ 我們住的溫泉旅館就在前面。〈私たちが泊まる旅館はそこです。〉
Wǒmen zhù de wēnquán lǚguǎn jiù zài qiánmiàn.
ウオメン ヂュ ダ ウエンチュエン リュグアン ジョウ ザァイ チエンメン

❼ 這間是妳們的房間。〈ここがあなたたちの部屋です。〉
Zhèjiān shì nǐmen de fángjiān.
ヂョージエン シー ニィメン ダ ファンジエン

❽ 我剛才買的溫泉豆沙包。〈さっき買った温泉まんじゅうです。〉
Wǒ gāngcái mǎi de wēnquán dòushābāo.
ウオ ガンツァイ マイ ダ ウエンチュエン ドウシャーバオ

❾ 我們去泡溫泉吧。〈温泉に入りに行きましょう。〉
Wǒmen qù pào wēnquán ba.
ウオメン チュイ パオ ウエンチュエン バ

❿ 先換浴衣。〈先に浴衣に着替えます。〉
Xiān huàn yùyī.
シエン ホアン ユィイー

⓫ 浴衣的領子反了。〈浴衣の襟合わせが逆だよ。〉
Yùyī de lǐngzi fǎn le.
ユィイー ダ リンズ ファン ラ

⓬ 我沒辦法習慣～。〈私慣れません～。〉
Wǒ méi bànfǎ xíguàn.
ウオ メイ バンファ シィグアン

第12話 「おでん」でおもてなし　漫画会話（119頁〜126頁）より

⑬ 用魚泥和山藥做的。〈魚のすり身と山イモで作ります。〉
　　Yòng yúní hàn shānyào zuò de.
　　ヨン　ユィニィ　ハン　シャンヤオ　ズオ　ダ

⑭ 口感有點怪怪的〜。〈食感がフシギ〜〉
　　Kǒugǎn yǒudiǎn guàiguàide.
　　コウガン　ヨウディエン　グアイグアイダ

⑮ 還要點什麼？〈あとは何を注文しますか？〉
　　Hái yào diǎn shénme?
　　ハイ　ヤオ　ディエン　シェンモ

⑯ 油炸豆腐圓。〈がんもどき。〉
　　Yóuzhà dòufǔyuán.
　　ヨウヂャー　ドウフゥユエン

⑰ 用豆腐、山藥、牛蒡、香菇等做的。〈豆腐と山イモ、ゴボウ、シイタケなどで作ります。〉
　　Yòng dòufǔ shānyào niúbàng xiānggū děng zuò de.
　　ヨン　ドウフウ　シャンヤオ　ニョウバン　シアングゥ　ドン　ズオ　ダ

⑱ 是手工做的。〈手作りです。〉
　　Shì shǒugōng zuò de.
　　シー　ショウゴォン　ズオ　ダ

⑲ 我還要雞蛋。〈卵もほしいな。〉
　　Wǒ hái yào jīdàn.
　　ウオ　ハイ　ヤオ　ジィダン

⑳ 這個高湯好好喝〜。／甜甜鹹鹹的〜。〈このスープおいしい〜。／甘じょっぱい〜〉
　　Zhège gāotāng hǎohǎohā. ／ Tiántiánxiánxiánde.
　　ヂョーゴォ　ガオタン　ハオハオホー　／ティエンティエンシエンシエンダ

㉑ 老闆加湯〜。〈おやじさん、スープ足して〜。〉
　　Lǎobǎn jiā tāng.
　　ラオバン　ジィア　タン

㉒ 妳多吃點吧。〈たくさん食べてくださいね。〉
　　Nǐ duō chī diǎn ba.
　　ニイ　ドゥオ　チー　ディエン　バ

㉓ 這個、這個、這個還有那個。〈これとこれとこれ、あとはあれ。〉
　　Zhège zhège zhège háiyǒu nàge.
　　ヂョーゴォ　ヂョーゴォ　ヂョーゴォ　ハイヨウ　ナーゴォ

㉔ 妳慢慢吃吧。〈ゆっくり召し上がってください。〉
　　Nǐ mànmàn chī ba.
　　ニイ　マンマン　チー　バ

発音してみよう！

❶ 今天 的 晚飯 我們 去 吃 關東煮 吧！〈今日の夕飯はおでんを食べに行きましょう！〉
Jīntiān de wǎnfàn wǒmen qù chī Guāndōngzhǔ ba.
ジンティエン ダ ワンファン ウオメン チュイ チー グアンドォンヂュ バ

❷ 我們 去 坐 櫃檯 吧！〈カウンターに座りましょう。〉
Wǒmen qù zuò guìtái ba.
ウオメン チュイ ズオ グェイタイ バ

❸ 種類 很 多。〈種類がたくさん。〉
Zhǒnglèi hěn duō.
ヂョンレイ ヘン ドゥオ

❹「黑輪」的 主角 是 白蘿蔔。〈「おでん」の主役は大根です。〉
Olen de zhǔjiǎo shì báiluóbā. ※ Olen は台湾語の発音です。
オーレン ダ ヂュジアオ シー バイルオボー

❺ 老闆 說 要 吃 豆腐福袋 嗎？〈店主が「巾着どうですか？」って言っていますよ。〉
Lǎobǎn shuō yào chī dòufǔfúdài ma?
ラオバン シュオ ヤオ チー ドウフゥフゥダイ マ

❻ 喝點 清酒 吧。〈日本酒を少しどうぞ。〉
Hē diǎn qīngjiǔ ba.
ホー ディエン チンジョウ バ

❼ 還 不錯。〈わるくないね（いける）。〉
Hái búcuò.
ハイ ブゥツオ

❽ 裡面 有 糯米糕。〈中身はおもちです。〉
Lǐmiàn yǒu nuòmǐgāo.
リーミエン ヨウ ヌオミーガオ

❾ 黃芥末。〈からしです。〉
Huángjièmò.
ホアンジエモー

❿ 沾著吃。／沾一點 就 可以 了。〈つけて食べます。／ちょっとつければいいです。〉
Zhān zhe chī.／Zhān yìdiǎn jiù kěyǐ le.
ヂャン ヂョ チー／チャン イーディエン ジョウ コォイー ラ

⓫ 有點 辣 嗎？〈少しからいですか？〉
Yǒudiǎn là ma?
ヨウディエン ラー マ

⓬ 那 是 半片。〈あれははんぺんです。〉
Nà shì bànpiàn.
ナー シー バンピエン

第13話 「喫茶店」でおもてなし　漫画会話（129頁～136頁）より

⑬ 荷包蛋？／是不是 煎蛋。〈荷包蛋？／目玉焼きじゃないの？〉
　Hébāodàn?／Shìbúshì jiāndàn.
　ホーバオダン　／シーブゥシー　ジエンダン

⑭ 不用，謝謝。〈いりません、ありがとう。〉
　Búyòng xièxie.
　ブゥヨン　シエシエ

⑮ 我 喜歡 喝 無糖 無奶。〈私はブラックが好きなんです。〉
　Wǒ xǐhuān hē wútáng wúnǎi.
　ウオ シィホアン ホー ウータン ウーナイ

⑯ 那 妳 要不要 吃 三明治？〈じゃあ、サンドイッチ食べますか？〉
　Nà nǐ yàobúyào chī sānmíngzhì?
　ナー ニイ ヤオブゥヤオ チー サンミンヂー

⑰ 有 雞蛋 蔬菜 火腿 三明治。〈たまご、野菜とハムサンドがあります。〉
　Yǒu jīdàn shūcài huǒtuǐ sānmíngzhì.
　ヨウ ジィダン シュツァイ フオトェイ サンミンヂー

⑱ 還有 總匯 三明治。〈あとはミックスサンドがあります。〉
　Háiyǒu zǒnghuì sānmíngzhì.
　ハイヨウ ゾォンホェイ サンミンヂー

⑲ 炒麵麵包？〈焼きそばパン？〉
　Chǎomiànmiànbāo?
　チャオミエンミエンバオ

⑳ 咖啡廳 沒有。〈喫茶店にはありませんよ。〉
　Kāfēitīng méiyǒu.
　カーフェイティン メイヨウ

㉑ 我們 去 便利商店 買 吧。〈コンビニに行って買いましょう。〉
　Wǒmen qù biànlìshāngdiàn mǎi ba.
　ウオメン チュイ ビエンリーシャンディエン マイ バ

㉒ 這 就是 炒麵麵包。〈これが焼きそばパンです。〉
　Zhè jiùshì chǎomiànmiànbāo.
　ヂョー ジョウシー チャオミエンミエンバオ

㉓ 吃起來 有一點 怪怪的。〈なんかヘンなカンジ。〉
　Chīqǐlái yǒuyìdiǎn guàiguìde.
　チーチィライ ヨウイーディエン グアイグアイダ

㉔ 不過 很 好吃 呦～。〈でもおいしいよ～〉
　Búguò hěn hǎochī yōu.
　ブゥグオ ヘン ハオチー ヨウ

発音してみよう！

❶ 我們 先 去 咖啡廳 吧。〈先に喫茶店に行きましょう。〉
Wǒmen xiān qù kāfēitīng ba.
ウオメン シエン チュイ カーフェイティン バ

❷ 我們 坐 靠窗 吧。〈窓ぎわの席に座りましょう。〉
Wǒmen zuò kàochuāng ba.
ウオメン ズオ カオチョアン バ

❸ 妳 想 喝 什麼？〈何を飲みますか？〉
Nǐ xiǎng hē shénme?
ニイ シアン ホー シェンモ

❹ 這家 的 咖啡 很 好喝 呦。〈この店のコーヒーはおいしいですよ。〉
Zhèjiā de kāfēi hěn hǎohē yōu.
ヂョージィア ダ カーフェイ ヘン ハオホー ヨウ

❺ 全部 都 一杯一杯地 泡。〈すべて一杯ずつ入れています。〉
Quánbù dōu yìbēiyìbēidi pào.
チュエンブゥ ドウ イーベイイーベイディ パオ

❻ 我 喜歡 喝 摩卡。〈私はモカが好きです。〉
Wǒ xǐhuān hē Mókǎ.
ウオ シィホアン ホー モーカ

❼ 我 喜歡 喝 拿鐵。〈私はラテが好きです。〉
Wǒ xǐhuān hē Nátiě.
ウオ シィホアン ホー ナーティエ

❽ 要 冰的 還是 熱的？〈アイスにしますか、それともホットにしますか？〉
Yào bīngde háishì rède?
ヤオ ビンダ ハイシー ルォダ

❾ 妳 要不要 吃 蛋糕？〈ケーキ食べませんか？〉
Nǐ yàobúyào chī dàngāo?
ニイ ヤオブゥヤオ チー ダンガオ

❿ 妳 想 吃 什麼 蛋糕？〈どのケーキがいいですか？〉
Nǐ xiǎng chī shénme dàngāo?
ニイ シアン チー シェンモ ダンガオ

⓫ 提拉米酥。〈ティラミス。〉
Tílāmǐsū.
ティラーミースゥ

⓬ 妳 先 請用。〈お先にどうぞ。〉
Nǐ xiān qǐng yòng.
ニイ シエン チン ヨン

第14話 「ドラッグストア」でおもてなし 漫画会話（139頁～146頁）より

⑬ 妳 要 哪 種？〈どれにします？〉
Nǐ yào nǎ zhǒng?
ニイ ヤオ ナー ヂョォン

⑭ 這個 顆粒 比較 小。／容易 服用。〈これは粒が小さめ。／飲みやすいです。〉
Zhège kēlì bǐjiào xiǎo.／Róngyì fúyòng.
ヂョーゴォ コォリー ビージアオ シアオ／ルゥォンイー フゥヨン

⑮ 這個 對 胃 的 刺激 比較 少。〈これは胃にやさしいです。〉
Zhège duì wèi de cìjī bǐjiào shǎo.
ヂョーゴォ ドェイ ウエイ ダ ツージィ ビージアオ シアオ

⑯ 這種 是 一般 用 的。〈これは普段使い用です。〉
Zhèzhǒng shì yìbān yòng de.
ヂョーヂョォン シー イーバン ヨン ダ

⑰ 這個 對 肌膚 很 好。〈これは肌にやさしいです。〉
Zhège duì jīfū hěn hǎo.
ヂョーゴォ ドェイ ジィフゥ ヘン ハオ

⑱ 要不要 看看 染髮劑？〈ヘアカラーはいかがですか？〉
Yàobúyào kànkàn rǎnfàjì?
ヤオブゥヤオ カンカン ルァンファジィ

⑲ 可以 參考 樣品 看看。〈サンプルを見られますよ。〉
Kěyǐ cānkǎo yàngpǐn kànkàn.
コォイー ツァンコウ ヤンピン カンカン

⑳ 我 覺得 這個 顏色 比較 適合 妳。〈この色があなたに合うと思います。〉
Wǒ juéde zhège yánsè bǐjiào shìhé nǐ.
ウオ ジュエダ ヂョーゴォ イエンソォ ビージアオ シーホー ニイ

㉑ 妳 的 胃腸 不太好 嗎？〈胃腸の調子があまりよくないですか？〉
Nǐ de wèicháng bútàihǎo ma?
ニイ ダ ウエイチャン ブゥタイハオ マ

㉒ 中藥 胃腸 藥。／飯前 吃 最 有 效。〈漢方胃腸薬です。／食前に飲むとよく効きます。〉
Zhōngyào wèicháng yào.／Fàn qián chī zuì yǒuxiào.
ヂョンヤオ ウエイチャン ヤオ／ファン チエン チー ズェイ ヨウシアオ

㉓ 含 有 乳酸菌。／表飛鳴。〈乳酸菌が含まれています。／ビオフェルミンです。〉
Hán yǒu rǔsuānjùn.／Biǎofēimíng.
ハン ヨウ ルゥスワンジュン／ビアオフェイミン

㉔ 寶寶 也 可以 吃。〈赤ちゃんでも飲めますよ。〉
Bǎobao yě kěyǐ chī.
バオバオ イエ コォイー チー

発音してみよう！

❶ 妳要吃胃腸藥嗎？〈胃腸薬を飲みますか？〉
Nǐ yào chī wèichángyào ma?
ニイ ヤオ チー ウエイチャンヤオ マ

❷ 這家是連鎖藥妝店。／比較便宜。〈ここはチェーン店のドラックストア。／安めですよ。〉
Zhèjiā shì liánsuǒ yàozhuāndiàn. ／ Bǐjiào piányí.
ヂョージィア シー リエンスオ ヤオヂョアンディエン／ビージアオ ビエンイー

❸ 在臺灣也有很多膏貼藥吧。〈台湾にもシップ薬はたくさんあるでしょう。〉
Zài Táiwān yě yǒu hěn duō gāotiēyào ba.
ザァイ タイワン イエ ヨウ ヘン ドゥオ ガオティエヤオ バ

❹ 臺灣人喜歡這個牌子。〈台湾人はこのブランドが好きです。〉
Táiwānrén xǐhuān zhè ge páizi.
タイワンレェン シィホアン ヂョ ゴォ パイズ

❺ 妳是要買眼藥水嗎？〈目薬を買いたいのですか？〉
Nǐ shì yào mǎi yǎnyàoshuǐ ma?
ニイ シー ヤオ マイ イエンヤオシェイ マ

❻ 這是眼睛疲勞用的。〈これは疲れ目用です。〉
Zhè shì yǎnjīng píláo yòng de.
ヂョー シー イエンジン ピーラオ ヨン ダ

❼ 這種是超清涼眼藥水。〈これは超クールな目薬です。〉
Zhèzhǒng shì chāo qīngliáng yǎnyàoshuǐ.
ヂョーヂョン シー チャオ チンリアン イエンヤオシェイ

❽ 很清爽。／在日本很受歡迎。〈すーっとします。／日本で人気があります。〉
Hěn qīngshuǎng. ／ Zài Rìběn hěn shòu huānyíng.
ヘン チンショアン ／ザァイ ルィベン ヘン ショウ ホアンイン

❾ 金冠。／蚊蟲叮咬用的藥。〈キンカンです。／虫さされの薬です。〉
Jīnguàn. ／ Wénchóng dīngyǎo yòng de yào.
ジンガン ／ウエンチョォン ディンヤオ ヨン ダ ヤオ

❿ 肩膀痠痛時也可以用。〈肩こりのときも使えます。〉
Jiānbǎn suāntòng shí yě kěyǐ yòng.
ジエンバン スワントォン シー イエ コォイー ヨン

⓫ 這個感冒藥。／吃了不會睏。〈この風邪薬。／飲んでも眠くなりません〉
Zhège gǎnmàoyào. ／ Chī le bú huì kùn.
ヂョーゴォ ガンマオヤオ ／チー ラ ブゥ ホェイ クゥン

⓬ 要！我要這個牌子。〈欲しい！このブランドが欲しい。〉
Yào! Wǒ yào zhège páizi.
ヤオ ウオ ヤオ ヂョーゴォ パイズ

第15話　「花火」でおもてなし　漫画会話（149頁～156頁）より

⑬ 黃瓜漬。鹹菜 的 一種。〈きゅうり漬けです。漬け物の一種です。〉
　　Huángguāzì. Xiáncài de yìzhǒng.
　　ホアングアズー シエンツァイ ダ イーヂョオン

⑭ 黃瓜 可以 消暑 解渴。〈きゅうりは夏の暑いときにはぴったりです。〉
　　Huánggua kěyǐ xiāoshǔ jiěkě.
　　ホアングア コォイー シアオシュー ジエコォ

⑮ 煙火 快要 開始 了。〈花火が始まります。〉
　　Yānhuǒ kuàiyào kāishǐ le.
　　イエンフオ クアイヤオ カイシー ラ

⑯ 我們 去 那邊 坐著 看 吧！〈あそこに座って見ましょう！〉
　　Wǒmen qù nàbiān zuòzhe kàn ba.
　　ウオメン チュイ ナービエン ズオヂョ カン バ

⑰ 愛心。／蝴蝶。／宇宙 大 爆炸～。〈愛。／チョウ。／宇宙大爆発～。〉
　　Àixīn. ／ Húdié. ／ Yǔzhòu dà bàozhà.
　　アイシン／フウディエ／ユィヂョウ ダー バオヂャー

⑱ 空中 藝術～。〈空の芸術～。〉
　　Kōngzhōng yìshù.
　　コォンヂョオン イーシュー

⑲ 結束 了～。／過癮 吧!?〈終わりました～。／満喫したでしょ!?〉
　　Jiéshù le.／Guòyǐn ba!?
　　ジエシュー ラ／グオイン バ

⑳ 我 幫 妳 點火。〈火をつけてあげます。〉
　　Wǒ bāng nǐ diǎnhuǒ.
　　ウオ バン ニイ ディエンフオ

㉑ 線香火花 好像 人生。〈線香花火はまるで人生みたいです。〉
　　Xiànxiānghuǒhuā hǎoxiàng rénshēng.
　　シエンシアンフオホア ハオシアン ルエンション

㉒ 人生 從 這裡 開始。〈人生はここから始まります。〉
　　Rénshēng cóng zhèlǐ kāishǐ.
　　ルエンショウ ツォン ヂョーリ カイシー

㉓ 放 了 光 以後 漸漸地 消失。〈光ったあとはだんだん消えていきます。〉
　　Fàng le guāng yǐhòu jiànjiàndi xiāoshī.
　　ファン ラ グアン イーオウ ジエンジエンディ シアオシー

㉔ 掉 了…。〈落ちた…。〉
　　Diào le.
　　ディアオ ラ

発音してみよう！

❶ 還有 一點 時間 我們 逛逛 吧。〈まだ時間が少しあるのでぶらぶらしましょう。〉
Háiyǒu yìdiǎn shíjiān wǒmen guàngguàng ba.
ハイヨウ イーディエン シージエン ウオメン グアングアン バ

❷ 妳 看過 日本 的 煙火 嗎？／沒 看過。〈日本の花火を見たことは？／ありません。〉
Nǐ kànguò Rìběn de yānhuǒ ma?／Méi kànguò.
ニイ カングオ ルィベン ダ イエンフオ マ ／メイ カングオ

❸ 日本 的 煙火 大概 放 一個 小時。〈日本の花火大会はだいたい1時間くらいです。〉
Rìběn de yānhuǒ dàgài fàng yíge xiǎoshí.
ルィベン ダ イエンフオ ダーガイ ファン イーゴォ シアオシー

❹ 今天 要 放 一萬 個 煙火。〈今日は1万本もの花火をあげます。〉
Jīntiān yào fàng yíwàn ge yānhuǒ.
ジンティエン ヤオ ファン イーワン ゴォ イエンフオ

❺ 日本 的 夏天 少不了 煙火。〈日本の夏に花火はかかせません。〉
Rìběn de xiàtiān shǎobùliǎo yānhuǒ.
ルィベン ダ シアティエン シァオブゥリアオ イエンフオ

❻ 那裡 有 奶油 馬鈴薯。〈あそこにジャガバターがあります。〉
Nàlǐ yǒu nǎiyóu mǎlíngshǔ.
ナーリ ヨウ ナイヨウ マーリンシュー

❼ 把 一大塊 的 奶油 放到 馬鈴薯 上 吃。〈大きなバターをいもにのせて食べます。〉
Bǎ yídàkuài de nǎiyóu fàngdào mǎlíngshǔ shàng chī.
バ イーダーグアイ ダ ナイヨウ ファンダオ マーリンシュー シャン チー

❽ 這 個 是 用 麵粉 蔬菜 肉 雞蛋 做 的。〈これは小麦粉、野菜、肉、玉子を使って作ります。〉
Zhè ge shì yòng miànfěn shūcài ròu jīdàn zuò de.
ジョォ ゴォ シー ヨン ミエンフェン シューツァイ ルゥオ ジィダン ズオ ダ

❾ 「廣島風」的 特色 是 有 炒麵 和 煎蛋。〈「広島風」の特徴は焼きそばと目玉焼きが入っていること。〉
Guǎngdǎofēng de tèsè shì yǒu chǎomiàn hàn jiāndàn.
グアンダオフォン ダ トォソォ シー ヨウ チャオミエン ハン ジエンダン

❿ 「お好み焼き」的 醬 比較 甜。〈「お好み焼き」のたれは甘めです。〉
de jiàng bǐjiào tián.
ダ ジアン ビージアオ ティエン

⓫ 加上 美乃滋。〈その上にマヨネーズをかけます。〉
Jiāshàng Měinǎizī.
ジィアシャン メイナイズー

⓬ 最後 再 加上 柴魚片 和 紅薑。〈最後にかつお節と紅生姜をのせます。〉
Zuìhòu zài jiāshàng cháiyúpiàn hàn hóngjiāng.
ズェイホウ ザァイ ジィアシャン チャイユィピエン ハン ホォンジアン

文法的ポイント & COLUMUN

Huān yíng zài lái
歡迎再來！
ホアン イン ザァイ ライ

また来てね！

文法的ポイント❶

[第1話「回転寿司」でおもてなし 漫画会話〈9頁〜16頁〉より]

> Zhè shì ［ヂョー シー］
> 這是〜 〈これは〜です〉

＊「這是」は物などを説明したい場合によく用いる。

★ 這是 竹筴魚。〈これはアジです。〉
　Zhè shì zhújiáyú.
　ヂョー シー ジュージィアユィ

☆ 這是 鮪魚。〈これはマグロです。〉
　Zhè shì wěiyú.
　ヂョー シー ウエイユィ

☆ 這是 鮭魚。〈これはサケです。〉
　Zhè shì guīyú.
　ヂョー シー グエイユィ

COLUMN ①

【寿司の魚の名前は……ホニャラララ〜】

「寿司ネタの魚」といえば、台湾人はサケやマグロは知っていても、その他の魚はどうもわからない「？？？」……。何の魚かわからないで食べている人もけっこういるんですね。だからお寿司屋さんに行ったら、お寿司の魚の名前をぜひ教えてあげてね。

ちなみに華語で、タイは「鯛魚（ディアオユィ）」、サバは「青花魚（チンホアユィ）」、ヒラメは「比目魚（ビムゥユィ）」、カツオは「鰹魚（ジエンユィ）」、赤貝は「赤貝（チーベイ）」。ボタンエビや甘エビという華語はないので、エビは全部ひっくるめて「蝦（子）（シア ズ）」、生エビなら「鮮蝦（シエンシア）」とも。

また、台湾人にとっては"見た目のハデさ"が肝心。具がシャリからはみ出ているくらいのお寿司だと、大感激してくれるはず！

文法的ポイント❷

[第2話「お寺や神社」でおもてなし 漫画会話〈19頁～26頁〉より]

> bāng [バン]
> A 幫 B ～ 〈AはBに～を手伝う、代わりにやる〉

＊「幫」は相手の代わりに手伝ってあげるときによく用いる。

Wǒ bāng nǐ zhào.
★我 幫 你 照。〈(写真を) 撮ってあげます。〉
ウォ バン ニイ ジャオ

Wǒ bāng nǐ ná.
☆我 幫 你 拿。〈持ってあげます。〉
ウォ バン ニイ ナー

Wǒ bāng nǐ qù mǎi dōngxi.
☆我 幫 你 去 買 東西。〈買い物に行ってあげます。〉
ウォ バン ニイ チュイ マイ ドォン シィ

COLUMN ②

【お参り作法とおみくじ、日本と台湾ではこんなに違う】

信心深い台湾人は、お寺や神社巡りが大好き！　台湾では「〇〇寺」といえば仏教、「〇〇宮」といえば道教の廟で、「龍山寺」(ロォンシャンスー)や「行天宮」(シンティエンゴォン)などが有名です。

ところで漫画のなか〈25頁〉でもご紹介しているとおり、台湾流のおみくじの引き方の作法は少々複雑。その点日本はシンプル。また、日本ではおみくじをひくと、「全体運」から細かい様々な項目まで一通り目を通しますが、台湾人は、神様にお願いしたいこと、ききたいことに関するところだけ。こういうところは効率的なんですね。なお神社では「兩鞠躬 兩拍手 一鞠躬」(リアンジュー ゴォン リアンパイショウ イージューゴォン)(二礼二拍手一礼)でOKと教えてあげましょう。

文法的ポイント❸

[第3話「甘味処」でおもてなし　漫画会話〈29頁～36頁〉より]

xiǎng shénme jiù shénme.　[シアン シェンモ ジョウ シェンモ]
想～什麼就～什麼。〈～したい物をなんでも～してください。〉

＊人をおもてなしするときに用いる。

Nǐ　xiǎng chī shénme jiù chī shénme.
★你　想　吃　什麼　就　吃　什麼。〈食べたい物をなんでも食べてください。〉
ニィ　シアン　チー　シェンモ　ジョウ　チー　シェンモ

Nǐ　xiǎng diǎn shénme jiù diǎn shénme.
☆你　想　點　什麼　就　點　什麼。〈なんでも（好きな物を）注文してください。〉
ニィ　シアンディエン シェンモ ジョウディエン シェンモ

Nǐ　xiǎng hē shénme jiù hē shénme.
☆你　想　喝　什麼　就　喝　什麼。〈なんでも好きな物を飲んでください。〉
ニィ　シアン　ホー　シェンモ　ジョウ　ホー　シェンモ

COLUMN ③

【「和」スイーツはその素朴さが魅力！】

　台湾のスイーツは見た目が派手な"てんこもり"が多いので、日本のスイーツメニューは、とても素朴に感じられます。台湾にも日本のスイーツ、例えば鯛焼きや今川焼き（回転焼き）、抹茶味のスイーツなどもありますが、「あんみつ」「みつまめ」などはほとんど見かけないので、ぜひ勧めてみてね。台湾は果物王国なので、缶詰のミカンやサクランボがのっている、寒天の素朴なスイーツを珍しがって喜んでくれるはず。

　また、台湾にも粒あんのおしるこ「紅豆湯」(ホオンドウタン)がありますが、これにはお餅は入っていません。だから、餅入りのおしるこやぜんざいも珍しがられ、気に入ってもらえることうけあいです！

文法的ポイント❹

[第4話「浴衣」でおもてなし　漫画会話〈39頁〜46頁〉より]

> Nǐ xǐhuān shénme ～？［ニィ シィホアン シェンモ］
> **你喜歡什麼～？**〈あなたはどんな〜が好きですか？〉

＊好みを尋ねるときに用いる。

★ Nǐ xǐhuān shénme huāyàng?
你 喜歡 什麼 花樣？〈あなたはどんな模様が好きですか？〉
ニィ シィホアン シェンモ ホアヤン

☆ Nǐ xǐhuān shénme yánsè?
你 喜歡 什麼 顏色？〈あなたはどんな色が好きですか？〉
ニィ シィホアン シェンモ イエンソォ

☆ Nǐ xǐhuān shénme páizi?
你 喜歡 什麼 牌子？〈あなたはどんなブランドが好きですか？〉
ニィ シィホアン シェンモ パイズ

COLUMN ④

【憧れの「浴衣」で"ヤマトナデシコ"気分に……】

　台湾人にとって日本の「浴衣」はちょっとした憧れ。とはいっても、浴衣を買って帰っても、台湾ではなかなか着る機会がないので、日本で浴衣を着て歩いてみたいという台湾の女の子も多いんですよ。浴衣は、貸衣装屋さんほかレンタルできるところもあるので、ぜひ勧めてあげてね！　浴衣を着て、観光地の街を練り歩くのもいいですね。
　ちなみに台湾の女の子は、シブい地味目のシンプルな柄より、明るくて鮮やかな色、派手目の柄が好き。また、台湾の人はよく縁起かつぎをするので、浴衣の柄模様の意味や由来などを教えてあげるのも、よいおもてなしに。柄選びの参考になるので、喜んで聞いてもらえますよ。

文法的ポイント❺

[第5話「天ぷら」でおもてなし 漫画会話〈49頁〜56頁〉より]

> bǐjiào hǎochī. ［ビージアオ ハオチー］
> ～比較好吃。〈～のほうがおいしい。〉

＊ふたつ以上を比較して一方のほうがおいしい場合に用いる。

Sǎ yán bǐjiào hǎochī.
★撒 鹽 比較 好吃。〈塩をふって食べたほうがおいしい。〉
サー イエン ビージアオ ハオチー

Zhège bǐjiào hǎochī.
☆這個 比較 好吃。〈こちらのほうがおいしい。〉
ヂョーゴォ ビージアオ ハオチー

Nàge bǐjiào hǎochī.
☆那個 比較 好吃。〈あちらのほうがおいしい。〉
ナーゴォ ビージアオ ハオチー

COLUMN ⑤

【台湾人はお店の質や格を「見た目」で判断!?】

　台湾の屋台街で人気の「甜不辣(ティエンブゥラー)」は日本のさつま揚げのようなもの。日本の高級な天ぷらは「天婦羅(ティエンフゥルオ)」といって、こちらも大人気。いろいろな種類の天ぷらが食べられる天ぷら定食や盛合せ、コースなど、きっと喜ばれますよ。
　ところで台湾では、店の見かけと値段がおおむね比例しているため、いくら老舗で一流の料理人のいる、美味しくて三ツ星つけてもいいくらいの店でも、建物が古かったり小さかったりすると"格下"のお店のように判断されがち。日本では、店の質や格は、見た目の豪華さでは判断できないことを教えてあげよう！

文法的ポイント❻

[第6話「スーパーマーケット」でおもてなし　漫画会話〈59頁～66頁〉より]

Yòu yòu. [ヨウ ヨウ]
又～又～。〈～くて～です。〉

＊ふたつのメリットやデメリットを表すときに用いる。

★ <u>Yòu</u> piányí <u>yòu</u> hǎochī.
　<u>又</u> 便宜 <u>又</u> 好吃。〈安くておいしいです。〉
　ヨウ ピエンイー ヨウ ハオチー

☆ <u>Yòu</u> kuài <u>yòu</u> fāngbiàn.
　<u>又</u> 快 <u>又</u> 方便。〈速くて便利です。〉
　ヨウ クアイ ヨウ ファンビエン

☆ <u>Yòu</u> guì <u>yòu</u> nánchī.
　<u>又</u> 貴 <u>又</u> 難吃。〈高くてまずいです。〉
　ヨウ グェイ ヨウ ナンチー

COLUMN ⑥

【意外な人気商品は……「干しシイタケ」】

　日本の食材のなかでも、台湾の人に特に人気なのが、のり、ふりかけ、インスタントみそ汁、インスタントラーメンなど。年齢層が高い方は干しシイタケもよくお土産に買って帰ります。台湾にも干しシイタケは売られていますが、日本産のものは高品質なので、とても喜ばれますよ。

　若い人にはクッキーやチョコレート、特に抹茶味のお菓子類などが人気。日本でしか買えない限定商品ならなおさらです。

　なお、意外と知られていませんが、台湾人の約1割がベジタリアン。カツオ節やいりこなど動物性の「だし」入りの食材や、ゼラチン入りのお菓子などは食べられないので、要注意です。

文法的ポイント❼

[第7話「おそば屋さん」でおもてなし　漫画会話〈69頁～76頁〉より]

Nǐ chīguò　　 ma?　[ニィ チーグオ マ]
你吃過～嗎？〈～を食べたことがありますか？〉

＊経験を尋ねるときに用いる。

　　Nǐ　 chīguò　 qiáomàimiàn　　ma?
★你　吃過　　蕎麥麵　　　嗎？〈おそばを食べたことがありますか？〉
　ニィ　チーグオ　チアオマイミエン　マ

　　Nǐ　 chīguò　 wāshāmǐ　ma?
☆你　吃過　　哇沙米　　嗎？〈ワサビを食べたことがありますか？〉
　ニィ　チーグオ　ワシャーミー　マ

　　Nǐ　 chīguò　 zhúlóngqiáomàimiàn　ma?
☆你　吃過　　竹籠蕎麥麵　　　　嗎？〈ざるそばを食べたことがありますか？〉
　ニィ　チーグオ　デューロォンチアオマイミエン　マ

COLUMN ⑦

【「たぬき」はただの「かす」……】

　おそばとうどん、どちらが好き？――といえば、台湾の人ならたいてい「うどん」のほうに軍配があがります。台湾にも「烏龍」という、うどんのようなものがあり、よく食べられています。
　ただ、うどんにしてもおそばにしても、台湾の人には「せいろ」や「ざる」は「おかずなしのごはんだけ」と同じ。これだけでは満足できないので、天ぷらの盛り合わせがついてくる「天せいろ」や「天ざる」をお勧めしましょう。また、「きつね」と「たぬき」だと、台湾人は「きつね」派。「たぬき」の天かすは、台湾の人から見ると、まさしくその名のとおり「ただの天ぷらの揚げかす」でしかないのです……。

文法的ポイント❽

[第8話「デパ地下」でおもてなし　漫画会話〈79頁～86頁〉より]

Zhè xiē dōu shì ［ヂョー シエ ドウ シー］
這些都是～〈これらは全部～〉

＊いくつかの同類の物を表したい場合によく用いる。

★<u>Zhèxiē dōu shì</u> jiàngcài.
★<u>這些　都　是</u>　醬菜。〈これらは全部漬け物です。〉
　ヂョーシエ　ドウ　シー　ジアンツァイ

☆<u>Zhèxiē dōu shì</u> niáncài.
☆<u>這些　都　是</u>　年菜。〈これらは全部おせち料理です。〉
　ヂョーシエ　ドウ　シー　ニエンツァイ

☆<u>Zhèxiē dōu shì</u> biàndāng.
☆<u>這些　都　是</u>　便當。〈これらは全部お弁当です。〉
　ヂョーシエ　ドウ　シー　ビエンダン

COLUMN ⑧

【「甘い物」をこよなく愛する台湾の方へのおもてなしの極意】

　多くの台湾人は、とにかく甘い物好き。甘い物大好きさんと時間をつぶすなら、デパ地下のスイーツ売り場がいちばん！　スイーツのなかでも特にチョコレート。台湾では日本のチョコレートが美味しいと評判です。また、生のケーキは台湾には持ち帰れないので、デパ地下でいっぱい見てもらっていい思い出にしてもらいましょう。「それじゃあんまり……」というなら、ホテルの部屋にケーキを持ち帰って食べて頂いても、いいおもてなしになるのでは？　また、台湾の人は何かと「○○放題」が好き。ホテルのティールームなどのスイーツバイキングで甘い物食べ放題を満喫できれば、大喜びされること間違いなし！

文法的ポイント❾

[第9話「居酒屋」でおもてなし　漫画会話〈89頁〜96頁〉より]

> biān　　biān　［ビエン ビエン］
> **邊〜邊〜**〈〜しながら〜する〉

＊同時にふたつのことをしたい場合によく用いる。

★ Biān chī biān hē biān liáotiān.
邊 吃 邊 喝 邊 聊天。〈飲みながら飲んでおしゃべりします。〉
ビエン チー ビエン ホー ビエン リアオティエン

☆ Biān chī biān liáo.
邊 吃 邊 聊。〈食べながらおしゃべりします。〉
ビエン チー ビエンリアオ

☆ Biān zǒu biān chī.
邊 走 邊 吃。〈歩きながら食べます。〉
ビエン ゾォウ ビエン チー

COLUMN ⑨

【居酒屋でも、「酒」より「肴」で盛り上がる】

　ビジネスでの接待以外は、あまり外でお酒を飲むことはない台湾人は、居酒屋でも、飲むよりもっぱら食べることに集中。お酒を勧めるならお腹が膨れるビールより、ワイン感覚で飲めるフルーティーな日本酒の「冷」がベター。ただし、台湾の多くのレストランではウーロン茶はタダで飲み放題なので、「ウーロン割り」はわざわざお金を払って飲むものではないと思われるかも……。また、居酒屋さんの日本の田舎風料理や手料理風のメニューなどでも十分におもてなしになりますが、冷やっこや厚揚げ、漬け物などは、素材を愉しむ繊細な和食文化では「料理」でも、台湾人には「料理」に思えないのか、人気がないようです。

文法的ポイント⓾

[第10話「ラーメン」でおもてなし 漫画会話〈99頁～106頁〉より]

> Zhān chī. ［ヂャン チー］
> 沾～吃。〈～をつけて食べます。〉

＊何かをつけて食べるときに用いる。

★ <u>沾</u> 醬油 醋 辣油 吃。〈しょう油と酢とラー油をつけて食べます。〉
　Zhān jiàngyóu cù làyóu chī.
　ヂャン ジアンヨウ ツゥ ラーヨウ チー

☆ <u>沾</u> 美乃滋 吃。〈マヨネーズをつけて食べます。〉
　Zhān Měinǎizī chī.
　ヂャン メイナイズ チー

☆ <u>沾</u> 蕃茄醬 吃。〈ケチャップをつけて食べます。〉
　Zhān fānqiéjiàng chī.
　ヂャン ファンチエジアン チー

COLUMN ⓾

【「コク」と「コシ」で人気の日本のラーメンだけど……】

　台湾で人気の伝統的な麺といえば、台南担仔麺（タイナンダンズーミエン）や牡蠣麺（オアミソ）。日本のラーメンとは麺もスープもだいぶ違います。台湾では、「湯麺」（スープ麺）はさっぱりとした味つけが多いので、スープまで全部飲み干すのが普通。それゆえ、レストランではいろいろな料理を味わいたいと思うので、お腹の膨れるスープ麺はあえて注文しないことが多いですね。

　日本のラーメンはコクがあって、麺もコシがあるので台湾人にも人気なのですが、スープは、全部飲み干さないと気がすまない台湾人には、ちょっと味が濃すぎるかも……。

文法的ポイント⓫

[第 11 話「温泉」でおもてなし 漫画会話〈109 頁～ 116 頁〉より]

> jiào ［ジアオ］
> 叫～ 〈～という〉

＊名前、名字、フルネームを紹介するときに用いる。

★ 她 叫 芒芒。〈彼女は芒芒です（といいます）。〉
Tā jiào Mángmáng.
ター ジアオ マンマン

☆ 我 叫 渡邊。〈私は渡邊です。〉
Wǒ jiào Dùbiān.
ウオ ジアオ ドゥビエン

☆ 他 叫 鈴木 薫。〈彼は鈴木薫です。〉
Tā jiào Línmù Xūn.
ター ジアオ リンムゥ シュン

COLUMN ⑪

【宿は温泉風呂付の部屋で、海鮮料理を堪能！】

　台湾では、温泉でも水着を着て入るのが一般的で、裸で他人と一緒にお風呂に入ることには抵抗感があります。「友達ならいいのでは？」と思いきや、知り合いと一緒に入るなんて、なおさらトンデモナイ……というのが本音。なので、台湾の方と温泉宿に泊まるときは、温泉風呂付きの部屋が理想的。特に露天風呂付きの部屋なら最高に喜ばれます。

　また、温泉宿といえば、懐石料理ですね。台湾人も大好きですよ！海鮮料理なら台湾人に人気のサケは必須として、そのほか、アワビ、ホタテ、サザエなどは珍しがられるので、お勧め。ただし活き造りは、台湾の人には少々「残酷」に思えてしまうので、やめたほうが無難です。

文法的ポイント⓬

[第12話「おでん」でおもてなし　漫画会話〈119頁～126頁〉より]

> Yǒudiǎn　ma?　[ヨウディエン　マ]
> ## 有點～嗎？〈少し～ですか。〉

＊少々～ではないかと不安でたずねるときに用いる。

Yǒudiǎn　là　ma?
★<u>有點</u>　辣　嗎？〈少しからいですか？〉
ヨウディエン　ラー　マ

Yǒudiǎn　huā　ma?
☆<u>有點</u>　花　嗎？〈少しハデですか？〉
ヨウディエン　ホア　マ

Yǒudiǎn　sù　ma?
☆<u>有點</u>　素　嗎？〈少し地味ですか？〉
ヨウディエン　スゥ　マ

COLUMN ⓬

【「おでん」の大根が台湾人に不人気の理由】

　台湾にも「おでん」はありますが、具は日本のものとはちょっと違っています。台湾では、「豬血糕」(ヂューシエガオ)（ブタの血を餅米で固めたもの）や「貢丸」(ゴォンワン)（ブタのすり身団子）などが人気の具。ベジタリアン向けには、ベジの豬血糕もあります（ブタの血を使っていないもの）。日本のおでんなら、さつま揚げなどの練り物が台湾人のお好みで、日本人の好きな大根は少々不人気。大根におでんだしの味を浸み込ませ美味しくするには、下ごしらえにそれなりの手間もかかるのですが、台湾人にはコストも安く手間もかかっていないと思われてしまうよう……。「だし」といえば、スープ好きの台湾人には、おでん汁を多めに入れてもらうときっと喜んでもらえるはずですよ。

文法的ポイント⓭

[第13話「喫茶店」でおもてなし　漫画会話〈129頁～136頁〉より]

> Nǐ xiǎng shénme?　[ニィ シアン シェンモ]
> **你 想～什麼？**〈あなたは～したいですか？〉

＊相手に何をしたいかたずねるときに用いる。

★你 想 喝 什麼？〈あなたは何が飲みたいですか？〉
　Nǐ xiǎng hē shénme?
　ニィ シアン ホー シェンモ

☆你 想 吃 什麼？〈あなたは何を食べたいですか？〉
　Nǐ xiǎng chī shénme?
　ニィ シアン チー シェンモ

☆你 想 做 什麼？〈あなたは何をしたいですか？〉
　Nǐ xiǎng zuò shénme?
　ニィ シアン ズオ シェンモ

COLUMN ⓭

【喫茶店でも「飲む」より「食べる」】

　台湾では外食が安いだけに、コーヒー1杯が500円近くする日本の喫茶店でお茶を飲むのは、結構、ぜいたく感覚です。もっとも台湾人は、ここでも「飲む」より「食べる」が優先、スイーツのおいしいお店が喜ばれるでしょう。また台湾では、モカやブルマン、ブラジルなど豆の個性を楽しみたい人が多いので、ブレンドコーヒーしかないお店より、いろいろな豆をそろえているお店がベター。とはいえ、コーヒー豆の種類が豊富なコーヒー専門店ではスイーツをあまり置いていなかったり、スイーツ中心のお店だとブレンドコーヒーしかなかったり……なかなか難しいもの。はじめにどちらを優先するかきいておくといいですね。

文法的ポイント⑭

[第14話「ドラッグストア」でおもてなし　漫画会話〈139頁～146頁〉より]

> Zhè ge duì ～ hěn hǎo.　[ヂョゴォ ドェイ ヘンハオ]
> **這個 對～很好。**〈これは～にとてもよいです。〉

＊～に対して効果があったり、良かったりするときに用いる。

★ **這個 對 肌膚 很 好。**〈これは肌(皮膚)によい(やさしい)です。〉
　 Zhège duì jīfū hěn hǎo.
　 ヂョーゴォ ドェイ ジィフゥ ヘン ハオ

☆ **這個 對 胃 很 好。**〈これは胃にいいです。〉
　 Zhège duì wèi hěn hǎo.
　 ヂョーゴォ ドェイ ウエイ ヘン ハオ

☆ **這個 對 環境 很 好。**〈これは環境にいいです。〉
　 Zhège duì huánjìng hěn hǎo.
　 ヂョーゴォ ドェイ ホアンジン ヘン ハオ

COLUMN ⑭

【日本の市販薬や美容アイテムは、台湾人にも大人気】

多くの外国人同様、台湾人も、日本に来ると日本の市販薬を買って帰る人が多く、特に日本の漢方系の薬や栄養剤が人気です。その他、口内炎用のパッチや熱冷まし用のシート状の膏薬なども、また女の子なら、足裏に貼る温シップ薬や美白クリーム、パック類、ぷるぷるうるうるのリップクリームなども大人気。日本で流行した「美顔ローラー(美容棒)」も、「在臉上滾滾就有按摩的效果」(ザァイリエンシャングゥンゥンジョウヨウアンモー ダ シアオグオ)(顔の上でコロコロころがすだけで、マッサージの効果がある)」と説明してお勧めするのもいいかも。

なお、同じ品物でも、ドラッグストア各店によって値段が違うので、買いたい物がお手頃価格で手に入る店を探してあげるといいでしょう。

文法的ポイント⑮

[第15話「花火」でおもてなし　漫画会話〈149頁〜156頁〉より]

> 〜快要〜了。〈〜がまもなく〜になります。〉
> kuàiyào　le.　［クアイヤオ　ラ］

＊時間がせまっているときに用いる。

★ 煙火　快要　開始　了。〈花火はまもなく始まります。〉
　Yānhuǒ　kuàiyào　kāishǐ　le.
　イエンフオ　クアイヤオ　カイシー　ラ

☆ 電車　快要　開　了。〈電車がまもなく発車します。〉
　Diànchē　kuàiyào　kāi　le.
　ディエンチョー　クアイヤオ　カイ　ラ

☆ 東京　快要　到　了。〈東京にまもなく到着します。〉
　Dōngjīng　kuàiyào　dào　le.
　ドォンジン　クアイヤオ　ダオ　ラ

COLUMN ⑮

【日本ならでの"わびさび"花火も味わってもらおう】

　花火大会は浴衣を着る絶好のチャンス。台湾の女の子なら、浴衣を着せてあげて日本のお祭り気分を味わってもらうのも、素敵な思い出になるでしょう。ただ、花火大会が終わったあとのあの恐ろしく混雑した帰り道を考えると、花火が見えるレストランや展望台のようなところで、遠くから眺めるほうがよいかもしれません。船から眺める花火もなかなか風情があって、喜んでもらえると思いますよ。

　ちなみに台湾には、ハデな花火や爆竹はあっても、線香花火はありません。地味目で静かな花火は台湾人好みではないのです。だからあえて日本の"わびさび花火"を体験してもらうのもいいかもしれませんね。

〈著者プロフィール〉

◆小道迷子（こみち　めいこ）
山梨県生まれ　漫画家
好きなもの　　　「台湾人の人情」
好きな食べ物　　「朝取りの枝豆」
　　　　　　　　「台湾蔬食（台湾ベジごはん）」
近著　　　　　　『こんにゃんでぃ～ぶんか』（講談社）
　　　　　　　　『中国人女子と働いたらスゴかった』（幻冬舎）

♠渡邉豊沢（わたなべ　ほうたく）（張豐澤）
台北出身　上智大学経済学部経営学科卒　現在、「CoCo外語」
（東京都国立市）において台湾華語・台湾語・中国語講師を務める
趣味「お寺めぐり・お寺参り・お経を唱える」
著書
『小道迷子の台湾ではじめよう中国語』
『小道迷子の中国語発音しませんか』
『小道迷子の中国語に夢中』
『小道迷子の知ってトクする台湾華語』（以上共著　小社刊）
『台湾てんこもり』（まどか出版）
『チャンさん家の簡単台湾ベジごはん』
　（ソフトバンククリエイティブ）など

小道迷子の　台湾からようこそ日本へ～台湾華語でおもてなし～

2016年8月30日　第1刷発行

著　者―渡邉豊沢／小道迷子
発行者―前田俊秀
発行所―株式会社三修社
　　　　〒150-0001
　　　　東京都渋谷区神宮前2-2-22
　　　　Tel. 03-3405-4511
　　　　Fax. 03-3405-4522
　　　　振替 00190-9-72758
　　　　http://www.sanshusha.co.jp/
　　　　編集担当　北村英治

印刷・製本　倉敷印刷株式会社

© 2016 HOUTAKU WATANABE. MEIKO KOMICHI　Printed in Japan
ISBN978-4-384-04690-8 C0087

Ⓡ＜日本複製権センター委託出版物＞
本書を無断で複写複製（コピー）することは、著作権法の例外を除き、禁じられています。
本書をコピーされる場合は事前に日本複製権センター＜JRRC＞の許諾を受けてください。
JRRC（http://www.jrrc.or.jp/）E-mail: jrrc_info@jrrc.or.jp　電話 03-3401-2382）

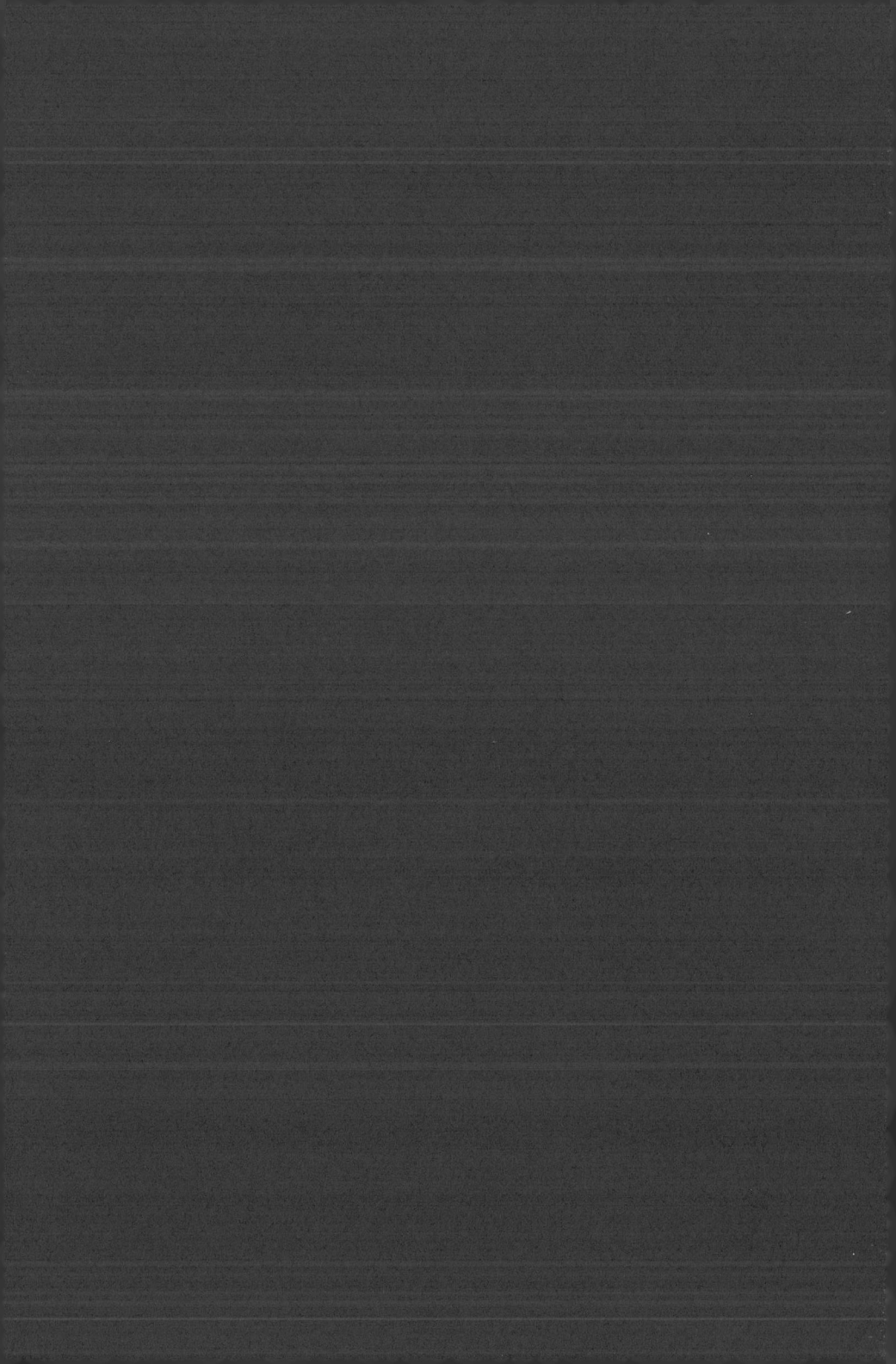